"十四五"普通高等教育会计专业精品规划教材

配套辅导用书

税 法

学习指导与习题集

茆晓颖 编

苏州大学出版社
Soochow University Press

图书在版编目(CIP)数据

税法学习指导与习题集/茆晓颖编.—苏州:苏州大学出版社,2022.3
"十四五"普通高等教育会计专业精品规划教材:配套辅导用书
ISBN 978-7-5672-3898-5

Ⅰ.①税… Ⅱ.①茆… Ⅲ.①税法-中国-高等学校-教学参考资料 Ⅳ.①D922.220.4

中国版本图书馆 CIP 数据核字(2022)第 030678 号

税法学习指导与习题集
SHUIFA XUEXI ZHIDAO YU XITIJI
茆晓颖　编
责任编辑　曹晓晴

苏州大学出版社出版发行
(地址:苏州市十梓街1号　邮编:215006)
苏州市深广印刷有限公司印装
(地址:苏州市高新区浒关工业园青花路6号2号厂房　邮编:215151)

开本 787 mm×1 092 mm　1/16　印张 11　字数 227 千
2022 年 3 月第 1 版　2022 年 3 月第 1 次印刷
ISBN 978-7-5672-3898-5　定价:40.00 元

图书若有印装错误,本社负责调换
苏州大学出版社营销部　电话:0512-67481020
苏州大学出版社网址　http://www.sudapress.com
苏州大学出版社邮箱　sdcbs@suda.edu.cn

"十四五"普通高等教育会计专业精品规划教材

编 委 员

顾　问　冯　博
主　任　周中胜
委　员　王则斌　俞雪华　龚菊明　茆晓颖　郁　刚　张　薇
　　　　何　艳　蒋海晨　薛华勇　王雪珍　滕　青

前言 Preface

《税法学习指导与习题集》是与茆晓颖主编的《税法》教材相配套的学习指导用书。主教材不仅可作为高等院校财经管理类专业学生学习税法课程的教材，也可作为广大财务会计人员、税务人员参加中国注册会计师（CPA）考试、中国税务师考试和会计师、高级会计师考试的辅助教材，还可作为财政税务部门、法制部门培训专业人员和在公民中普及税法知识的学习教材。为了帮助读者尽快地熟悉税制改革的最新内容，更好地理解税法的基本理论、各税种的税款计算方法等，编者在《税法》教材的基础上，编写了这本《税法学习指导与习题集》。本书在章节安排上与主教材的顺序保持一致。第一章到第九章均包括主要内容、习题和习题参考答案三个部分。

作为《税法》教材的配套用书，本书立足于高校应用型人才培养目标，涉及知识全面，结合了最新的税收制度，重视基础、强调重点、突出应用；本书根据各税种的特点灵活地设计题型，并为习题提供了详细的解析，力求通俗易懂、简明扼要，体现了"全""新""活"的特点，有利于读者抓住重点内容，加深对税法基本理论和基本方法的理解；通过学习本书，学生能够培养和提高理解能力及专业技能。

在本书编写过程中，编者参考和借鉴了大量优秀教材成果，在此对相关作者表示诚挚的谢意！近年来，我国的税制改革如火如荼，编者力争通过本书将最新的政策呈现给读者。本书的税收法律制度时间截至2021年6月。由于编者水平有限，加之税收法律规定变化较快，本书内容难免有疏漏之处，恳请读者提出改进意见，以便进一步修订和完善。

编者
2021年6月于苏州

目录

第一章　税法总论

一、主要内容　/ 1

二、习题　/ 2

三、习题参考答案　/ 10

第二章　增值税法

一、主要内容　/ 14

二、习题　/ 15

三、习题参考答案　/ 31

第三章　消费税法

一、主要内容　/ 41

二、习题　/ 42

三、习题参考答案　/ 55

第四章　关税法

一、主要内容　/ 62

二、习题　/ 63

三、习题参考答案　/ 70

第五章　企业所得税法

一、主要内容 / 75

二、习题 / 76

三、习题参考答案 / 90

第六章　个人所得税法

一、主要内容 / 100

二、习题 / 101

三、习题参考答案 / 113

第七章　资源和环境税法

一、主要内容 / 121

二、习题 / 122

三、习题参考答案 / 133

第八章　特定目的税法

一、主要内容 / 140

二、习题 / 141

三、习题参考答案 / 150

第九章　财产和行为税法

一、主要内容 / 155

二、习题 / 156

三、习题参考答案 / 165

第一章 税法总论

一、主要内容

税收是一个经济范畴，也是一个历史范畴。一般说来，税收的产生取决于两个相互制约的前提条件：一是物质条件，即剩余产品的出现；二是政治条件，即国家的产生和存在。税收是国家为了满足社会公共需要，凭借政治权力，按照法律的规定，强制、无偿地取得财政收入的一种形式。税收的形式特征通常被概括为"三性"，即强制性、无偿性、固定性。一般认为，税收具有三大职能：财政职能、调节职能和监督职能。

税法是国家立法机关制定的用于调整国家与纳税人之间在征纳税方面的权利和义务关系的法律规范的总称。税收法律关系是税法所确认和调整的国家与纳税人之间、国家与国家之间及各级政府之间在税收分配过程中形成的权利和义务关系。税法原则包括税法基本原则和税法适用原则。税法要素一般包括总则、纳税义务人、征税对象、税率、纳税环节、纳税期限、纳税地点、减税免税、罚则、附则等项目。

税收立法主要应遵循以下几个原则：从实际出发的原则；公平原则；民主决策的原则；原则性与灵活性相结合的原则；法律的稳定性、连续性与废、改、立相结合的原则。我国的立法体制是：全国人大及其常委会行使立法权，制定法律；国务院及其所属各部委，有权根据宪法和法律制定行政法规和部门规章；地方人大及其常委会，在不与宪法、法律、行政法规相抵触的前提下，有权制定地方性法规，但要报全国人大常委会和国务院备案；民族自治地方的人大有权依照当地民族的政治、经济和文化的特点，制定自治条例和单行条例。

税法体系中各税法按基本内容和效力、职能作用、征收对象、权限范围的不同可分为不同类型。根据国务院《关于实行分税制财政管理体制的决定》，我国的税收收入分为中央政府固定收入、地方政府固定收入和中央政府与地方政府共享收入。

二、习题

(一) 单项选择题

1. 国家取得财政收入的主要形式是(　　)。
   A. 发行国债　　　　　　　　　B. 发行货币
   C. 税收　　　　　　　　　　　D. 罚款

2. 下列权力,可作为国家征税依据的是(　　)。
   A. 管理权力　　　　　　　　　B. 政治权力
   C. 社会权力　　　　　　　　　D. 财产权力

3. 下列关于税收概念的相关理解,不正确的是(　　)。
   A. 税收是目前我国政府取得财政收入的重要工具
   B. 国家征税依据的是财产权力
   C. 国家征税是为了满足社会公共需要
   D. 税收分配是以国家为主体进行的分配

4. 税收管辖权属于(　　)在税收领域的体现。
   A. 国家主权　　　　　　　　　B. 税收管理权
   C. 税收管理体制　　　　　　　D. 财政管理体制

5. 税收的特征不包括(　　)。
   A. 自主性　　　　　　　　　　B. 强制性
   C. 无偿性　　　　　　　　　　D. 固定性

6. 税收管理体制的核心内容是(　　)。
   A. 税权的划分　　　　　　　　B. 事权的划分
   C. 财权的划分　　　　　　　　D. 收入的划分

7. 下列税种,属于直接税的是(　　)。
   A. 消费税　　　　　　　　　　B. 关税
   C. 企业所得税　　　　　　　　D. 城市维护建设税

8. 下列税种,其收入全部属于中央政府固定收入的是(　　)。
   A. 增值税　　　　　　　　　　B. 资源税
   C. 个人所得税　　　　　　　　D. 消费税

9. 下列税种,属于价外税的是(　　)。
   A. 增值税　　　　　　　　　　B. 消费税
   C. 环境保护税　　　　　　　　D. 企业所得税

10. 按照税法的基本内容和效力的不同，税法可以分成( )。
   A. 中央税法与地方税法　　　　B. 税收实体法与税收程序法
   C. 国际税法与国内税法　　　　D. 税收基本法与税收普通法

11. 我国税收制度按照构成方法和形式分类属于( )。
   A. 直接型税制　　　　　　　　B. 间接型税制
   C. 简单型税制　　　　　　　　D. 复合型税制

12. 我国采用超额累进税率征收的税种是( )。
   A. 资源税　　　　　　　　　　B. 土地增值税
   C. 个人所得税中的居民个人综合所得　D. 企业所得税

13. 下列税种，属于中央政府与地方政府共享收入的是( )。
   A. 关税　　　　　　　　　　　B. 消费税
   C. 个人所得税　　　　　　　　D. 土地增值税

14. 下列税种，由海关负责征收的是( )。
   A. 企业所得税　　　　　　　　B. 车辆购置税
   C. 增值税　　　　　　　　　　D. 船舶吨税

15. 下列某生产企业2021年需要缴纳的税种，应向海关缴纳的是( )。
   A. 房产税　　　　　　　　　　B. 关税
   C. 土地增值税　　　　　　　　D. 印花税

16. 下列关于税率的说法，正确的是( )。
   A. 比例税率体现了税收的公平原则
   B. 定额税率具有计算简单、税负透明度高等优点
   C. 我国目前还没有采用超率累进税率
   D. 采用超额累进税率计算税额时，速算扣除数的作用主要是简化计算

17. 《中华人民共和国个人所得税法》在税法不同类型中属于( )。
   A. 既是实体法，又是程序法　　B. 既是实体法，又是普通法
   C. 既是实体法，又是基本法　　D. 既是程序法，又是普通法

18. 下列税法构成要素，用于区分不同税种的是( )。
   A. 纳税义务人　　　　　　　　B. 征税对象
   C. 税目　　　　　　　　　　　D. 税率

19. 负有代扣代缴义务的单位和个人被称为( )。
   A. 扣缴义务人　　　　　　　　B. 纳税人
   C. 负税人　　　　　　　　　　D. 征税人

20. ( )是指对同一征税对象或同一税目，不论数额大小只规定一个百分比的

税率。

  A．比例税率   B．超额累进税率

  C．超率累进税率   D．定额税率

21．下列我国现行的税种，适用超率累进税率的是(　　)。

  A．消费税   B．个人所得税

  C．土地增值税   D．车辆购置税

22．下列说法不正确的是(　　)。

  A．征税对象是区分不同税种的重要标志

  B．税目是征税对象的具体化

  C．税率是衡量税负轻重的唯一标志

  D．纳税义务人即纳税主体

23．目前我国税法体系中，实行单一比例税率的税种是(　　)。

  A．车辆购置税   B．土地增值税

  C．个人所得税   D．消费税

24．比例税率是指(　　)。

  A．对不同征税对象或不同税目，不论数额大小只规定一个百分比的税率，税额与课税对象成正比关系

  B．对不同征税对象或不同税目，不论数额大小只规定一个百分比的税率，税额与课税对象成反比关系

  C．对同一征税对象或同一税目，不论数额大小只规定一个百分比的税率，税额与课税对象成正比关系

  D．对同一征税对象或同一税目，不论数额大小只规定一个百分比的税率，税额与课税对象成反比关系

25．下列关于纳税人的说法，正确的是(　　)。

  A．纳税人是实际负担税款的单位和个人

  B．纳税人的基本形式仅指自然人

  C．扣缴义务人是纳税人的一种形式

  D．自然人可分为居民个人和非居民个人

26．下列各项税法原则，属于税法基本原则中的核心的是(　　)。

  A．税收公平原则   B．税收效率原则

  C．实质课税原则   D．税收法定原则

27．纳税人通过转让定价减少计税所得，税务机关有权重新估定计税价格，并据以计算应纳税额。这体现了税法基本原则中的(　　)。

A. 法定原则 B. 公平原则
C. 效率原则 D. 实质课税原则

28. 如果纳税人在以前年度通过转让定价或其他方法减少计税依据，税务机关发现后，有权重新核定计税依据，要求纳税人补税。但处理时，新税收征管法颁布，滞纳金可以适用新税收征管法的规定。这样处理体现了税法适用原则中的（　　）。

A. 税收法律主义原则 B. 税收公平主义原则
C. 实体从旧、程序从新原则 D. 实质课税原则

29. 一部新法实施后，对新法实施之前人们的行为不得适用新法，只能沿用旧法。这体现了税法适用原则中的（　　）。

A. 法律优位原则 B. 法律不溯及既往原则
C. 新法优于旧法原则 D. 实体从旧、程序从新原则

30. 某企业就应纳税款金额与主管税务机关产生了分歧，遂向上一级税务机关申请行政复议，但被告知必须先依照主管税务机关的纳税决定缴纳税款或者提供相应的担保后，才能依法申请行政复议。上述行为体现了税法适用原则中的（　　）。

A. 法律优位原则 B. 新法优于旧法原则
C. 程序优于实体原则 D. 实体从旧、程序从新原则

31. 下列各项税收法律法规，属于部门规章的是（　　）。

A.《中华人民共和国个人所得税法》
B.《中华人民共和国消费税暂行条例》
C.《中华人民共和国企业所得税法实施条例》
D.《中华人民共和国增值税暂行条例实施细则》

32. 下列关于税收法律关系的表述，正确的是（　　）。

A. 税法是引起税收法律关系的前提条件，税法可以产生具体的税收法律关系
B. 税收法律关系中权利主体双方法律地位并不平等，双方的权利义务也不对等
C. 代表国家行使征税职责的各级国家税务机关是税收法律关系中的权利主体之一
D. 税收法律关系在总体上与其他法律关系一样，都是由权利主体、权利客体两方面构成

33. 在我国税收法律关系权利主体中，纳税义务人的确定原则是（　　）。

A. 国籍原则 B. 属地原则
C. 属人原则 D. 属地兼属人原则

34. 全国性地方税种的开征、停征权属于（　　）。

A. 全国人大及其常委会 B. 国务院
C. 财政部和国家税务总局 D. 地方人大及其常委会

(二) 多项选择题

1. 税收的特征包括( )。
   A. 固定性　　　　　　　　　B. 无偿性
   C. 强制性　　　　　　　　　D. 共有性

2. 税目设计的方法有( )。
   A. 从价法　　　　　　　　　B. 从量法
   C. 概括法　　　　　　　　　D. 列举法

3. 下列税种,纳税人与负税人通常不一致的是( )。
   A. 个人所得税　　　　　　　B. 企业所得税
   C. 消费税　　　　　　　　　D. 增值税

4. 我国现行的下列税种,属于流转税类的是( )。
   A. 关税　　　　　　　　　　B. 消费税
   C. 增值税　　　　　　　　　D. 印花税

5. 下列税种,全部属于中央政府固定收入的有( )。
   A. 增值税　　　　　　　　　B. 消费税
   C. 资源税　　　　　　　　　D. 关税

6. 下列税种的收入项目,属于中央政府固定收入的有( )。
   A. 海关代征的增值税
   B. 保险总公司集中缴纳的城市维护建设税
   C. 证券交易印花税
   D. 海洋石油企业缴纳的资源税

7. 下列税种,不属于中央政府与地方政府共享收入的是( )。
   A. 耕地占用税　　　　　　　B. 个人所得税
   C. 车辆购置税　　　　　　　D. 土地增值税

8. 下列税种,属于由税务机关系统负责征收的有( )。
   A. 船舶吨税　　　　　　　　B. 土地增值税
   C. 车辆购置税　　　　　　　D. 关税

9. 《中华人民共和国税收征收管理法》属于我国税法体系中的( )。
   A. 税收基本法　　　　　　　B. 税收实体法
   C. 税收程序法　　　　　　　D. 国内税法

10. 下列税种,纳税人与负担税款的单位和个人一致的有( )。
    A. 增值税　　　　　　　　　B. 个人所得税
    C. 消费税　　　　　　　　　D. 企业所得税

11. 下列说法不正确的有(　　)。
    A. 商品（货物）和劳务税最终由商品或劳务的购买者负担，所以称为直接税
    B. 所得税类税种一般不存在税负转嫁问题，所以称为间接税
    C. 对税种的分类是具有法定性的
    D. 税法体系就是通常所说的税收制度

12. 按税收分类的不同标准，增值税属于(　　)。
    A. 中央与地方共享税　　　　　　B. 流转税
    C. 地方税　　　　　　　　　　　D. 中央税

13. 下列关于税收实体法构成要素的说法，正确的有(　　)。
    A. 纳税人是税法规定的直接负有纳税义务的单位和个人，是实际负担税款的单位和个人
    B. 征税对象是征税的标的物，是国家征税的依据
    C. 税率是对征税对象的征收比例或征收额度，是计算税额的尺度
    D. 税目是课税对象的具体化，是对课税对象质的界定

14. 下列各项，只采用比例税率征收的有(　　)。
    A. 增值税　　　　　　　　　　　B. 消费税
    C. 城镇土地使用税　　　　　　　D. 城市维护建设税

15. 下列税种，规定了具体税目的有(　　)。
    A. 烟叶税　　　　　　　　　　　B. 消费税
    C. 房产税　　　　　　　　　　　D. 个人所得税

16. 下列关于税法各要素的表述，正确的有(　　)。
    A. 对于累进税率，一般情况下，课税数额越大，适用税率越高
    B. 比例税率是对同一征税对象，不分数额大小，规定相同的征收比例
    C. 税目反映具体的征税范围
    D. 纳税义务人或纳税人又叫纳税主体

17. 我国现行税制中，采用的累进税率有(　　)。
    A. 全额累进税率　　　　　　　　B. 超率累进税率
    C. 超额累进税率　　　　　　　　D. 超倍累进税率

18. 下列关于税法原则的表述，正确的有(　　)。
    A. 新法优于旧法原则属于税法适用原则
    B. 税法主体的权利和义务必须由法律加以规定，这体现了税收法定原则
    C. 税法原则反映税收活动的根本属性，包括税法基本原则和税法适用原则
    D. 税法适用原则中的法律优位原则，明确了税收法律的效力高于税收行政法规的

效力

19. 下列关于税收原则的表述，正确的有(　　)。

A. 税收法定原则是税法基本原则中的核心

B. 税收行政法规的效力优于税收行政规章的效力，这体现了法律优位原则

C. 税收效率原则要求税法的制定要有利于节约税收征管成本

D. 制定税法时禁止在没有正当理由的情况下给予特定纳税人特别优惠，这一做法体现了税收公平原则

20. 下列关于税法效力判断原则的表述，正确的有(　　)。

A. 层次高的法律优于层次低的法律 B. 国际法优于国内法

C. 特别法优于普通法 D. 程序法从旧，实体法从新

21. 下列各项，符合我国税收立法规定的有(　　)。

A. 税收法律由国务院审议通过后以国务院总理名义发布实施

B. 国务院及其所属税务主管部门有权根据宪法和法律制定税收行政法规和规章

C. 税收行政法规由国务院负责审议通过后以提案形式提交全国人大或全国人大常委会审议通过

D. 我国现行税收实体法中，由全国人大及其常委会制定的税收法律有《中华人民共和国个人所得税法》《中华人民共和国环境保护税法》《中华人民共和国车船税法》等

22. 下列情况，可以导致税收法律关系的产生、变更和消灭的是(　　)。

A. 纳税人遇到自然灾害

B. 纳税人开业、转业或停业

C. 纳税人参加税务局组织的座谈会

D. 纳税人支付员工工资，并按2019年新个人所得税法代扣个税

23. 下列关于税法与其他法律的关系的说法，正确的有(　　)。

A. 税法是国家法律的组成部分，依据宪法的原则制定

B. 民法调整方法的主要特点是平等、等价和有偿，而税法调整方法的特点是强制和有偿

C. 税法与刑法存在联系，但违反了税法，并不一定就是刑事犯罪

D. 税法与行政法有着十分密切的联系，两者都属于义务性法规

24. 税收法律关系产生的原因包括(　　)。

A. 税收法律事件 B. 税收法律的公布

C. 税收法律的实施 D. 税收法律行为

(三) 判断题

1. 税收是国家取得财政收入的基本形式。（   ）
2. 税收分配凭借政治权力为主，财产权力为辅。（   ）
3. 我国税制目前以直接税为主。（   ）
4. 流转税按比例征收具有累退特点。（   ）
5. 从量税有利于纳税人加强经济核算、改进包装和提高产品质量。（   ）
6. 税收程序法是规定税收法律关系主体的实体权利和义务的法律规范的总称。（   ）
7. 国际税法的效力低于国内税法。（   ）
8. 征税对象既是税收制度的中心环节，也是税制中最活跃、最有力的因素。（   ）
9. 在比例税率条件下，边际税率等于平均税率。（   ）
10. 征税对象的数额未达到免征额的不征税，达到或超过免征额的，就征税对象的全部数额征税。（   ）
11. 当纳税人的收入达到或超过免征额时，就其收入全额征税；当纳税人的收入超过起征点时，只就超过的部分征税。（   ）
12. 税收法规是指国家最高行政机关根据其职权或国家最高权力机关的授权，依据宪法和税收法律，通过一定法律程序制定的有关税收活动的实施规定或办法。（   ）
13. 税收管理体制是指在中央政府与地方政府之间及地方各级政府之间划分税收管理权限的一种制度，是税收管理制度的重要组成部分。税收管理权限包括税收立法权和税收管理权两个方面。（   ）
14. 提高税收行政效率，就是要控制税收征管成本。（   ）
15. 税收法律关系主体之间的权利与义务是对等的。（   ）

三、习题参考答案

（一）单项选择题

1. 【答案】C

2. 【答案】B

3. 【答案】B

4. 【答案】A

5. 【答案】A

6. 【答案】A

7. 【答案】C

8. 【答案】D

9. 【答案】A

10. 【答案】D

11. 【答案】D

【解析】税收制度按照构成方法和形式分类，可以分为简单型税制和复合型税制，我国税收制度属于复合型税制。

12. 【答案】C

【解析】选项A：资源税中大多数应税资源采用比例税率，个别应税资源（如黏土）采用定额税率；选项B：土地增值税采用超率累进税率；选项D：企业所得税采用比例税率。

13. 【答案】C

【解析】选项AB：属于中央政府固定收入；选项D：属于地方政府固定收入。

14. 【答案】D

15. 【答案】B

16. 【答案】D

【解析】选项A：比例税率不能针对不同的收入水平实施不同的税收负担，在调节纳税人的收入水平方面难以体现税收的公平原则；选项B：计算简单、税负透明度高是比例税率的优点；选项C：我国目前土地增值税采用超率累进税率。

17. 【答案】B

18. 【答案】B

19. 【答案】A

20. 【答案】A

21. 【答案】C

22. 【答案】C

23. 【答案】A

【解析】选项B：实行超率累进税率；选项C：实行超额累进税率与比例税率相结合；选项D：主要实行产品差别比例税率。

24. 【答案】C

25. 【答案】D

26. 【答案】D

27. 【答案】D

28. 【答案】C

29. 【答案】B

30. 【答案】C

【解析】程序优于实体原则是关于税收争讼法的原则，其基本含义为：在诉讼发生时，税收程序法优于税收实体法。适用这一原则，是为了确保国家课税权的实现，避免因发生争议而影响税款的及时、足额入库。

31. 【答案】D

【解析】选项A：属于全国人大和全国人大常委会制定的税收法律；选项B：属于全国人大或全国人大常委会授权立法；选项C：属于国务院制定的税收行政法规。

32. 【答案】C

【解析】选项A：税法是引起税收法律关系的前提条件，但税法本身并不能产生具体的税收法律关系，税收法律关系的产生、变更和消灭由税收法律事实决定；选项B：税收法律关系中权利主体双方法律地位平等，双方的权利义务不对等；选项D：税收法律关系在总体上与其他法律关系一样，都是由税收法律关系的主体、客体、内容三方面构成。

33. 【答案】D

34. 【答案】A

(二) 多项选择题

1. 【答案】ABC

2. 【答案】CD

3. 【答案】CD

4. 【答案】ABC

5. 【答案】BD

【解析】选项AC：属于中央政府与地方政府共享收入。

6. 【答案】ABCD

7. 【答案】ACD

8. 【答案】BC

9. 【答案】CD

10. 【答案】BD

11. 【答案】ABC

【解析】选项A：商品（货物）和劳务税最终由商品或劳务的购买者负担，纳税人与负税人相分离，所以称为间接税；选项B：所得税类税种一般不存在税负转嫁问题，纳税人往往就是负税人，所以称为直接税；选项C：对税种的分类是不具有法定性的，只是在理论研究和税制建设方面用途相当广泛。

12. 【答案】AB

13. 【答案】BCD

【解析】选项A：纳税人不一定是实际负担税款的单位和个人。

14. 【答案】AD

【解析】选项B：消费税采用复合计税，适用比例税率、定额税率；选项C：城镇土地使用税采用定额税率。

15. 【答案】BD

【解析】目前，我国税收实体法体系中，对消费税、资源税、车船税、车辆购置税、印花税、个人所得税等规定了具体的税目。

16. 【答案】ABCD

17. 【答案】BC

18. 【答案】ABCD

19. 【答案】ABCD

20. 【答案】ABC

【解析】选项D：鉴于法律的溯及力的差异，实体法从旧，程序法从新。

21. 【答案】BD

【解析】选项A：税收法律由全国人大或全国人大常委会审议通过后以国家主席名义发布实施；选项C：税收行政法规由国务院负责审议通过后以国务院总理名义发布实施。

22. 【答案】ABD

【解析】选项C：只是座谈，不属于税收法律事实。

23. 【答案】AC

【解析】选项B：民法调整方法的主要特点是平等、等价和有偿，而税法调整方法的特点是强制和无偿；选项 D：税法与行政法有着十分密切的联系，但是行政法大多为授权性法规，所含的少数义务性规定也不像税法一样涉及货币收益的转移，而税法则是一种义务性法规。

24.【答案】AD

【解析】税收法律事实是税收法律关系产生、变更和消灭的原因，税收法律事实可以分为税收法律事件和税收法律行为。

（三）判断题

1.【答案】√

2.【答案】×

【解析】税收是国家为了满足社会公共需要，凭借政治权力，按照法律的规定，强制、无偿地取得财政收入的一种形式。税收分配凭借的是政治权力。

3.【答案】×

4.【答案】√

5.【答案】√

6.【答案】×

【解析】税收实体法是规定税收法律关系主体的实体权利和义务的法律规范的总称。税收程序法是规定国家征税权行使程序和纳税人纳税义务履行程序的法律规范的总称。

7.【答案】×

【解析】国际税法的效力一般高于国内税法。

8.【答案】×

【解析】税率既是税收制度的中心环节，也是税制中最活跃、最有力的因素。

9.【答案】√

10.【答案】×

11.【答案】×

【解析】当纳税人的收入达到或超过起征点时，就其收入全额征税；当纳税人的收入超过免征额时，只就超过的部分征税。

12.【答案】√

13.【答案】√

14.【答案】√

15.【答案】×

第二章 增值税法

▶▶ 一、主要内容

本章主要阐述增值税法的基本政策和制度。增值税是对在中华人民共和国境内销售货物或者加工、修理修配劳务，销售服务、无形资产、不动产及进口货物的单位和个人，就其销售货物、劳务、服务、无形资产、不动产的增值额和货物进口金额为计税依据而课征的一种流转税。

增值税的征收范围分为传统征收范围、"营改增"征收范围和特殊征收范围三部分。其中，传统征收范围包括在境内销售货物、进口货物和销售劳务；"营改增"征收范围包括在境内销售服务、无形资产和不动产；特殊征收范围包括视同发生应税销售行为、混合销售行为和兼营销售行为。在中华人民共和国境内发生应税销售行为及进口货物的单位和个人，为增值税的纳税人。为了简化增值税的计算和征收，同时减少税收征管漏洞，增值税法将增值税纳税人按会计核算水平和经营规模分为一般纳税人和小规模纳税人两类纳税人。

增值税的计税方法，包括一般计税方法、简易计税方法和扣缴计税方法。一般纳税人发生应税销售行为适用一般计税方法计税；小规模纳税人发生应税销售行为适用简易计税方法计税；纳税人进口货物，按照组成计税价格和规定的税率计算应纳税额。增值税法规定了多项税收优惠政策。为了鼓励出口货物公平竞争，我国的出口货物、劳务和跨境应税行为实行退（免）增值税制度。

增值税的纳税义务发生时间为纳税人发生应税行为并收讫销售款项或者取得索取销售款项凭据的当天；先开具发票的，为开具发票的当天；进口货物，为报关进口的当天。固定业户应当向其机构所在地或者居住地主管税务机关申报纳税；进口货物，应当向报关地海关申报纳税。

二、习题

(一) 单项选择题

1. 关于增值税的特点，下列表述不正确的是(　　)。
   A. 不重复征税，具有中性税收的特点
   B. 逐环节征税，逐环节扣税
   C. 税基广泛，具有征收的普遍性和连续性
   D. 单一环节征税

2. 生产型增值税的特点是(　　)。
   A. 将当期购入的固定资产价款一次性全部扣除
   B. 不允许扣除任何外购固定资产的价款
   C. 只允许扣除当期计入产品价值的折旧费部分
   D. 只允许扣除当期计入产品价值的流动资产价款和折旧费

3. 下列关于"营改增"相关规定的表述，错误的是(　　)。
   A. 个体工商户聘用的员工为雇主提供应税服务，属于非营业活动
   B. 纳税人兼营免税、减税项目的，应当分别核算免税、减税项目的销售额，未分别核算的，不得免税、减税
   C. 原增值税一般纳税人自用的应征消费税的摩托车、汽车、游艇，其进项税额准予抵扣
   D. 合同标的物在境内的合同能源管理服务，免征增值税

4. 根据增值税法律制度的规定，下列不属于"境内销售"的是(　　)。
   A. 所销售或者租赁的不动产在境内
   B. 所销售自然资源使用权的自然资源在境内
   C. 服务（租赁不动产除外）或者无形资产（自然资源使用权除外）的销售方或者购买方在境内
   D. 境外单位或者个人向境内单位或者个人销售完全在境外发生的服务

5. 下列不属于增值税视同销售行为的是(　　)。
   A. 将外购货物用于投资　　　　B. 将外购货物用于集体福利
   C. 将自产货物用于个人消费　　D. 将委托加工货物用于赠送

6. 下列各项，不属于混合销售行为的是(　　)。
   A. 某电脑制造公司在销售电脑的同时又为该客户提供运输服务
   B. 某建材商店在销售建材的同时又为其他客户提供装饰服务

C. 某电视机厂在销售电视机的同时又为该客户提供送货上门服务

D. 某塑钢门窗销售商店在销售外购塑钢门窗的同时又为该客户提供安装服务

7. 下列不属于增值税视同销售行为的是(　　)。

A. 单位无偿向其他企业提供建筑服务

B. 单位无偿为公益事业提供建筑服务

C. 单位无偿为关联企业提供建筑服务

D. 单位以自产的建筑材料对外投资

8. 下列项目，不属于营业税改征增值税范围的是(　　)。

A. 餐饮服务　　　　　　　　　　B. 金融服务

C. 运输服务　　　　　　　　　　D. 加工服务

9. 根据"营改增"的相关规定，下列单位提供的服务，属于应税服务的是(　　)。

A. 某动漫设计公司为其他单位提供动漫设计服务

B. 某广告公司聘用广告制作人才为本公司设计广告

C. 某运输企业为洪水灾区无偿提供汽车运输服务

D. 某单位聘用的员工为本单位负责人提供专车驾驶服务

10. 下列属于增值税境内销售服务行为的是(　　)。

A. 境内单位向境外单位购买的咨询服务

B. 境外单位向境内单位提供完全发生在境外的会展服务

C. 境外单位向境内单位销售完全在境外使用的专利和非专利服务

D. 境外单位向境内单位或者个人出租完全在境外使用的有形动产

11. 缴纳增值税的纳税人被认定为一般纳税人的年应税销售额标准为(　　)。

A. 50 万元（含本数）　　　　　　B. 80 万元（含本数）

C. 500 万元（含本数）　　　　　 D. 800 万元（含本数）

12. 一般纳税人销售或者进口(　　)，适用的增值税税率为9%。

A. 蛋糕　　　　　　　　　　　　B. 面粉

C. 面包　　　　　　　　　　　　D. 方便面

13. 根据增值税法律制度的规定，下列不适用9%税率的是(　　)。

A. 建筑服务　　　　　　　　　　B. 增值电信服务

C. 不动产租赁服务　　　　　　　D. 销售不动产

14. 下列货物目前允许按9%抵扣进项税额的是(　　)。

A. 购进免税农产品　　　　　　　B. 购进废旧物资

C. 购进固定资产　　　　　　　　D. 购进原材料

15. 一般纳税人的下列应税行为，适用13%的增值税税率的是（   ）。

    A. 提供有形动产租赁服务　　　　B. 提供基础电信服务

    C. 提供增值电信服务　　　　　　D. 提供不动产租赁服务

16. 下列关于增值税征收率的表述，不正确的是（   ）。

    A. 小规模纳税人提供加工、修理修配劳务，适用基本征收率3%

    B. 一般纳税人销售不动产，选择适用简易计税方法，征收率为5%

    C. 小规模纳税人销售不动产（不含个人住房），适用3%的征收率

    D. 个人出租住房，按照5%的征收率减按1.5%计算应纳税额

17. 根据营业税改征增值税的规定，下列关于增值税销售额的表述，不正确的是（   ）。

    A. 贷款服务以提供贷款服务取得的全部利息及利息性质的收入为销售额

    B. 金融商品转让出现正负差，按盈亏相抵后的余额为销售额

    C. 航空运输服务的销售额不包括代收的机场建设费和代售其他航空运输企业客票而代收转付的价款

    D. 客运场站服务以其取得的全部价款和价外费用为销售额

18. 对下列增值税应税行为计算销项税额时，按照全额确定销售额的是（   ）。

    A. 贷款服务　　　　　　　　　　B. 金融商品转让

    C. 一般纳税人提供客运场站服务　　D. 经纪代理服务

19. 汽车销售公司销售小轿车时一并向购买方收取的下列款项，应作为价外费用计算增值税销项税额的是（   ）。

    A. 收取的小轿车改装费

    B. 因代办保险收取的保险费

    C. 因代办牌照收取的车辆牌照费

    D. 因代办缴税收取的车辆购置税税款

20. 下列各项，应做进项税额转出的是（   ）。

    A. 将外购的货物用于给股东分配股利

    B. 自然灾害造成一般纳税人购进应税货物的损失

    C. 纳税人将外购的已抵扣进项税的货物用于发放职工福利

    D. 一般纳税人发生购货退回

21. 下列项目所包含的进项税额，不得从销项税额中抵扣的是（   ）。

    A. 生产过程中出现的正常报废产品

    B. 用于返修产品修理的易损零配件

    C. 生产企业用于经营管理的办公用品

D. 用于免税项目的购进货物

22. 下列关于纳税人出租出借包装物收取押金的税务处理，正确的是(　　)。

A. 出租出借包装物收取的押金，凡单独记账核算且未逾期的，一律不征收增值税

B. 销售除啤酒、黄酒外的其他酒类产品而收取的包装物押金，一律应在收取押金当期计征增值税

C. 销售酒类产品收取的包装物押金，一律应在收取押金当期计征增值税

D. 收取押金与收取租金的税务处理相同，一律应按价外收费计征增值税

23. 根据转让金融商品征收增值税的规定，下列说法正确的是(　　)。

A. 可以开具增值税专用发票

B. 以卖出价扣除买入价后的余额为计税销售额

C. 转让金融商品出现的负差可结转到下一个会计年度的金融商品销售额中抵扣

D. 以卖出价为计税销售额

24. 下列各项，属于应计入销售额缴纳增值税的是(　　)。

A. 纳税人销售货物的同时代办保险而向购买方收取的保险费

B. 受托加工应征消费税的消费品所代收代缴的消费税

C. 纳税人销售货物的同时向购买方收取的手续费

D. 纳税人代有关行政管理部门收取的符合税法规定条件的政府性基金

25. 下列说法正确的是(　　)。

A. 采取折扣方式销售的，销售额为扣除折扣后的金额

B. 采取还本销售方式销售的，不得从销售额中减除还本支出

C. 采取以旧换新方式销售的，销售额为实际收取的全部价款

D. 采取以物易物方式销售的，以实际收取的差价款为销售额

26. 在增值税法规中，"出口货物零税率"具体是指(　　)。

A. 出口货物免税　　　　　　　　B. 该货物的增值税税率为零

C. 出口货物的整体税负为零　　　D. 以上都正确

27. 根据增值税法律制度的规定，下列关于个人将住房对外销售的税收政策的说法，正确的是(　　)。

A. 2021年6月，李某将位于北京的2018年购买的非普通住房对外销售，免征增值税

B. 2021年6月，王某将位于上海的2020年购买的普通住房对外销售，免征增值税

C. 2021年6月，张某将位于大连的2018年购买的非普通住房对外销售，免征增值税

D. 2021年6月，孙某将位于长春的2020年购买的住房对外销售，差额计征增值税

28. 下列业务免征增值税的是（　　）。
A. 残疾人福利企业销售自产产品
B. 民办职业培训机构的培训业务
C. 残疾人福利机构提供的育养服务
D. 单位销售自建自用住房

29. 以一个季度为一期的增值税纳税人，于期满后（　　）内申报纳税。
A. 1日
B. 5日
C. 15日
D. 30日

30. 进口货物的增值税由（　　）征收。
A. 进口地税务机关
B. 报关地海关
C. 交货地海关
D. 进口机构所在地税务机关

（二）多项选择题

1. 下列行为，属于增值税征收范围的有（　　）。
A. 甲公司将房屋与乙公司土地交换
B. 丙银行将房屋出租给丁饭店，而丁饭店长期不付租金，后经双方协商，由丙银行在丁饭店就餐抵账
C. 戊房地产开发企业委托己建筑工程公司建造房屋，双方在结算价款时，戊房地产开发企业将若干套房屋给己建筑工程公司冲抵工程款
D. 庚运输公司与辛汽车修理公司商定，庚运输公司为辛汽车修理公司免费提供运输服务，辛汽车修理公司为庚运输公司免费提供汽车维修作为回报

2. 下列应税行为，应该按照6%的税率征收增值税的有（　　）。
A. 会议展览服务
B. 餐饮服务
C. 水路运输的光租业务
D. 转让土地使用权

3. 下列应按照"有形动产租赁服务"缴纳增值税的有（　　）。
A. 航空运输的干租业务
B. 有形动产经营性租赁
C. 航空运输的湿租业务
D. 水路运输的程租业务

4. 下列情况，应当征收增值税的有（　　）。
A. 某企业委托一酒厂加工白酒，收回后直接对外销售
B. 某钟表眼镜店为顾客修理眼镜
C. 某企业变卖厂房一栋
D. 饮食业对外销售非现场消费的食品

5. 甲企业销售给乙企业一批货物，乙企业因资金紧张无法支付货币资金，经双方协商，乙企业用自产的产品抵顶货款，则下列表述不正确的有(　　)。

   A. 甲企业收到乙企业的抵顶货物不应做购货处理

   B. 乙企业发出抵顶货款的货物不应做销售处理，不应计算销项税额

   C. 甲、乙双方发出货物都应做销售处理，但收到的货物所含增值税税额一律不能计入进项税额

   D. 甲、乙双方都应做购销处理，以各自发出和收到的货物，分别核算销售额和购进额，并按有关规定计算销项税额和进项税额

6. 下列情形，不属于在境内销售服务或者无形资产的有(　　)。

   A. 境内单位或个人向境内单位或个人提供完全在境外消费的服务

   B. 境外单位或个人向境内单位或个人提供完全在境外消费的服务

   C. 境内单位或个人向境内单位或个人出租完全在境外使用的有形动产

   D. 境外单位或个人向境内单位或个人出租完全在境外使用的有形动产

7. 下列属于"营改增"应税服务项目的是(　　)。

   A. 铁路运输　　　　　　　　B. 家政服务

   C. 房屋销售　　　　　　　　D. 房屋租赁

8. 下列行为，应视同销售货物征收增值税的有(　　)。

   A. 将外购货物用于个人消费　　B. 将自产货物用于集体福利

   C. 将外购货物分配给股东　　　D. 将自产货物无偿赠送他人

9. 下列表述正确的有(　　)。

   A. 物业公司提供写字楼物业管理服务，属于提供"生活服务"

   B. 建筑公司修缮房屋，属于提供"加工、修理修配劳务"

   C. 汽修公司修理汽车，属于提供"加工、修理修配劳务"

   D. 邮政公司发行报纸，属于提供"邮政服务"

10. 一般纳税人发生了下列应税行为后，可以选择适用简易计税方法计税的有(　　)。

    A. 公共交通运输服务　　　　B. 电影放映服务

    C. 仓储服务　　　　　　　　D. 装卸搬运服务

11. 划分一般纳税人和小规模纳税人的标准有(　　)。

    A. 销售额达到规定标准　　　B. 经营效益好

    C. 会计核算健全　　　　　　D. 有上级主管部门

12. 根据增值税法律制度的有关规定，进项税额不得从销项税额中抵扣的项目有(　　)。

A. 购进生产设备 B. 用于集体福利的购进货物
C. 用于免税项目的购进货物 D. 非正常损失的购进货物

13. 计征增值税的销售额中，应包括向购买方收取的（   ）。
A. 全部价款 B. 手续费
C. 包装费 D. 销项税金

14. 根据2019年4月1日后增值税进项税额抵扣的规定，下列表述不正确的有（   ）。
A. 纳税人购进国内旅客运输服务，取得注明旅客身份信息的航空运输电子客票行程单的，航空旅客运输进项税额＝（票价＋燃油附加费＋机场建设费）÷（1＋9%）×9%
B. 纳税人购进国内旅客运输服务，取得注明旅客身份信息的铁路车票的，铁路旅客运输进项税额＝票面金额÷（1＋9%）×9%
C. 纳税人购进国内旅客运输服务，取得注明旅客身份信息的公路、水路等其他客票的，公路、水路等其他旅客运输进项税额＝票面金额÷（1＋3%）×3%
D. 纳税人购进用于生产或者委托加工13%税率货物的农产品，按照9%的扣除率计算进项税额

15. 下列关于增值税特殊销售方式的说法，正确的有（   ）。
A. 纳税人采取折扣方式销售货物，如果销售额和折扣额在同一张发票上的"金额"栏分别注明，可以按折扣后的销售额征收增值税
B. 直销企业通过直销员向消费者销售货物，直接向消费者收取货款，直销企业的销售额为其向消费者收取的全部价款和价外费用
C. 纳税人为销售货物而出租出借包装物收取的押金，单独记账且时间在1年以内又未过期的，不并入销售额征税
D. 包装物租金不并入销售额征税

16. 某单位外购下列货物，按增值税法律制度的有关规定，不能作为进项税额抵扣的有（   ）。
A. 外购的生产性固定资产 B. 外购货物用于免税项目
C. 外购货物用于集体福利 D. 外购货物用于无偿赠送他人

17. 对于纳税人为销售货物而出租出借包装物收取的押金，其增值税计税方法错误的有（   ）。
A. 酒类包装物押金，一律并入销售额计税
B. 除酒类外的其他货物押金，单独记账核算的，不并入销售额征税
C. 无论会计上如何核算，均应并入销售额计算缴纳增值税

D. 对销售除啤酒、黄酒外的其他酒类产品收取的包装物押金，均应并入当期销售额征税，其他货物押金，单独记账核算且未逾期（以1年为期限）的，不计算缴纳增值税

18. 增值税一般纳税人支付的下列运输费用（均取得了运输企业开具的增值税专用发票），不允许抵扣进项税额的有(　　)。

   A. 外购生产应税产品的机器设备所支付的运输费用

   B. 销售免税货物所支付的运输费用

   C. 外购苹果用于生产果汁所支付的运输费用

   D. 外购水泥用于装修职工宿舍所支付的运输费用

19. 增值税一般纳税人发生的下列业务，其进项税额不得从销项税额中抵扣的有(　　)。

   A. 生产应税产品购入的原材料

   B. 不动产在建工程使用的外购货物

   C. 因管理不善被盗的产成品所耗用的购进原材料

   D. 因管理不善变质的库存购进商品

20. 下列项目，其增值税进项税额不得抵扣的有(　　)。

   A. 甲公司将外购的房屋作为集体宿舍，以福利方式供员工居住

   B. 乙公司因违法经营被强令销毁一批货物造成的损失

   C. 丙公司用外购的机器设备作为出资投资给 A 公司

   D. 丁公司接受 B 银行的贷款服务

21. 下列项目，属于免征增值税的有(　　)。

   A. 农业生产者销售自产的粮食　　B. 药厂销售避孕药品

   C. 个人销售自己使用过的物品　　D. 机械厂销售农业机具

22. 下列各项，属于增值税免税项目的有(　　)。

   A. 企业销售使用过的机器设备　　B. 残疾人个人提供餐饮服务

   C. 农民销售自产农产品　　　　　D. 航空公司提供飞机播洒农药

23. 增值税一般纳税人发生的下列业务，不允许开具增值税专用发票的有(　　)。

   A. 向消费者个人提供修理修配劳务　　B. 向消费者个人零售服装、化妆品

   C. 向一般纳税人销售房屋　　　　　　D. 向一般纳税人销售货物

24. 下列关于增值税纳税地点的表述，正确的有(　　)。

   A. 固定业户应当向其机构所在地或者居住地的主管税务机关申报纳税

   B. 非固定业户销售货物或者应税劳务，应当向销售地或者劳务发生地的主管税务机关申报纳税

C. 进口货物，应当向报关地海关申报纳税

D. 扣缴义务人应当向其机构所在地或者居住地的主管税务机关申报缴纳其扣缴的税款

25. 下列各项，属于增值税专用发票基本联次的有（　　）。

A. 发票联　　　　　　　　　B. 抵扣联

C. 记账联　　　　　　　　　D. 存根联

（三）判断题

1. "生产型增值税"与"消费型增值税"的区别在于是否允许企业将购入固定资产所含的增值税税额进行抵扣。（　　）

2. 增值税的计税依据是不含增值税的价格，它的最终承担者是经营者。（　　）

3. 某电视机厂将自产的电视机作为礼品赠送给重要客户应缴纳增值税。（　　）

4. 混合销售是指销售多种产品或提供多种劳务的行为。（　　）

5. 出租车公司向使用本公司自有出租车的出租车司机收取的管理费用，按照"有形动产租赁服务"缴纳增值税。（　　）

6. 单位或者个人向其他单位或者个人无偿转让无形资产或者不动产，应视同销售缴纳增值税，但用于公益事业或者以社会公众为对象的除外。（　　）

7. 存款利息按照"贷款服务"缴纳增值税。（　　）

8. 年不含税销售额在 500 万元以下，从事货物生产的纳税人，只能被认定为增值税小规模纳税人。（　　）

9. 凡是在我国境内销售货物或者提供加工、修理修配劳务，以及进口货物的单位和个人，都是增值税的纳税义务人。（　　）

10. 纳税人出口货物，税率为零，因此增值税一般纳税人的税率有两档，即基本税率和零税率。（　　）

11. 增值税小规模纳税人一律按照 3% 的征收率计算应纳税款，不得抵扣进项税额。（　　）

12. 非正常损失的不动产，其进项税额可以从销项税额中抵扣。（　　）

13. 增值税一般纳税人购进免税农产品，全部按照买价的 9% 计算进项税额，准予抵扣。（　　）

14. 增值税一般纳税人应纳税额等于当期销项税额减当期进项税额，因此，所有的进项税额都可以抵扣，不足部分可以结转下期继续抵扣。（　　）

15. 纳税人采取折扣方式销售货物，销售额和折扣额不在同一张发票上分别注明的，可按折扣后的销售额征收增值税。（　　）

16. 销售汽车的同时向购买方收取的代购买方缴纳的车辆购置税税款、车辆牌照

费，属于价外费用，应并入销售额计算应纳税额。（   ）

17. 纳税人采取以旧换新方式销售货物（金银首饰除外），应按新货物不含税售价全额计征增值税。（   ）

18. 甲企业未按规定向乙企业支付货款，乙企业按合同规定向甲企业收取违约金，由于违约金是在销售实现后收取的，因此不应征收增值税。（   ）

19. 增值税一般纳税人提供贷款服务，以其取得的全部利息及利息性质的收入为销售额；增值税一般纳税人接受贷款服务，凭增值税专用发票上注明的税额做进项税额抵扣。（   ）

20. 增值税小规模纳税人购进货物取得增值税专用发票可以抵扣进项税额，取得普通发票不允许抵扣进项税额。（   ）

21. 纳税人发生应税行为适用免税、减税规定的，可以放弃免税、减税，依照规定缴纳增值税。放弃免税、减税后，24个月内不得再申请免税、减税。（   ）

22. 纳税人兼营免税、减税项目的，应当分别核算免税、减税项目的销售额；未分别核算销售额的，由税务机关确定免税、减税销售额。（   ）

23. 进口货物的增值税纳税义务发生时间为报关进口的当天，应由进口人或其代理人向报关地海关申报纳税。（   ）

24. 进口货物纳税义务发生的时间为报关进口后15天。（   ）

25. 总机构和分支机构不在同一县（市）的，应当分别向各自所在地的主管税务机关申报纳税。（   ）

（四）计算题

1. 甲企业是增值税一般纳税人，销售给乙公司5 000套服装，每套不含税价格为80元，由于乙公司购买数量多，甲企业按原价的8折优惠销售（与销售业务开具在同一张发票上），并提供1/10，n/20的销售折扣。乙公司于10日内付款。

要求：请计算甲企业此项业务的计税销售额。

2. 某企业为增值税一般纳税人，2021年6月的销售情况如下：

（1）采取现销方式销售商品，取得销售收入100 000元，增值税税款13 000元。

（2）采取托收承付方式销售商品，货已发出，托收手续已办妥，应收货款20 000元，应收增值税税款2 600元。

（3）采取分期收款方式销售商品，货款总额为100 000元，合同规定本月应收货款10 000元，购货方由于资金周转困难，要求下月付款。

（4）收到预收货款 20 000 元，商品尚未发出。

（5）收到受托单位的代销清单，本月委托代销部分实现销售 50 000 元。

要求：请计算本月应纳税销售额。

3. 某家电生产企业为增值税一般纳税人，本月向市职工活动中心赠送自产液晶电视 10 台，每台成本价为 3 000 元，市场销售价格为 5 000 元（不含税）；赠送新研制的新型节能空调 5 台，每台成本价为 8 000 元，市场上尚无同类产品销售。家电产品的成本利润率为 10%。

要求：请计算该家电生产企业本月的计税销售额。

4. 某企业是增值税一般纳税人，2021 年 6 月有关生产经营业务如下：

（1）销售机器一批，开出的增值税专用发票上注明销售额为 10 000 元，税额为 1 300 元，另开出一张普通发票，收取包装费 226 元。

（2）销售三批同一规格、质量的货物，每批各 2 000 件，不含增值税销售价格分别为每件 200 元、180 元和 60 元。经税务机关认定，第三批销售价格每件 60 元明显偏低且无正当理由。

（3）将自产的一批新产品 3A 牌外套 300 件作为福利发给本企业的职工。已知 3A 牌外套尚未投放市场，没有同类外套销售价格；每件外套成本为 600 元，服装产品的成本利润率为 10%。

要求：请计算该企业当月的增值税销项税额。

5. 某企业是增值税一般纳税人，适用一般税率13%，2021年6月有关生产经营业务如下：

（1）月初外购货物一批，支付增值税进项税额24万元，下旬因管理不善，造成该批货物一部分发生霉烂变质，经核实造成1/4损失。

（2）外购动力燃料，支付增值税进项税额20万元，一部分用于应税项目，另一部分用于免税项目，无法分开核算。

（3）销售应税货物取得不含增值税销售额700万元，销售免税货物取得销售额300万元。

要求：请计算该企业当月可以抵扣的进项税额。

6. 某餐馆为增值税小规模纳税人，2021年5月取得含增值税的餐饮收入总额为22.36万元。请计算该餐馆5月应缴纳的增值税税额。

7. 某日用品加工厂为增值税小规模纳税人，2021年9月取得销售收入总额18.54万元。请计算该日用品加工厂9月应缴纳的增值税税额。

8. 某化工原料商店为小规模纳税人，2021年3月从一般纳税人手里购入商品两批：一批取得增值税专用发票，注明的货款为80 000元，税额为10 400元；另一批取得普通发票，发票金额为70 000元。当月售给一般纳税人商品82 000元，售给小规模纳税人和直接消费者商品57 050元，均开具普通发票。请计算该化工原料商店当月应缴纳的增值税税额。

9. 某百货商场 2021 年 3 月发生以下经济业务（购销货物的税率均为 13%）：

（1）销售货物开具增值税专用发票，发票上注明的价款为 1 000 万元。

（2）向消费者个人销售货物开具普通发票，取得收入 56.5 万元。

（3）购进货物取得增值税专用发票，发票上注明的货物金额为 600 万元，税额为 78 万元。

（4）没收包装物押金 4.52 万元。

（5）将上年购进的 5 万元货物用于职工福利，购进货物的增值税专用发票上注明的税额为 0.65 万元。

要求：请计算该百货商场当月允许抵扣的进项税额及当月应缴纳的增值税税额。

10. 某工业企业是增值税一般纳税人，销售货物均适用 13% 的增值税税率。10 月购销业务情况如下：

（1）购进生产原料一批，取得的增值税专用发票上注明的价、税款分别为 23 万元、2.99 万元。

（2）购进钢材 20 吨，取得的增值税专用发票上注明的价、税款分别为 8 万元、1.04 万元。

（3）直接向农民收购用于生产加工的农产品一批，经税务机关批准的收购凭证上注明价款为 40 万元。

（4）销售产品一批，货已发出并办妥银行托收手续，但货款未到，向买方开具的增值税专用发票上注明的销售额为 42 万元。

（5）本月外购的 20 吨钢材及库存的同价钢材 20 吨被盗。

（6）期初留抵进项税额 0.5 万元。

要求：请计算该工业企业当期应缴纳的增值税税额和期末留抵进项税额。

11. 某电子企业为增值税一般纳税人，2021年6月发生下列经济业务：

（1）销售A产品50台，不含税单价8 000元。货款收到后，向购买方开具了增值税专用发票，并将提货单交给了购买方。截至月底，购买方尚未提货。

（2）将20台新试制的B产品分配给投资者，单位成本为6 000元。该产品尚未投放市场。

（3）单位内部职工集体福利领用甲材料1 000千克，每千克甲材料成本为50元。

（4）企业某项免征增值税项目领用甲材料200千克，每千克甲材料成本为50元，同时领用A产品5台。

（5）当月丢失库存乙材料800千克，每千克乙材料成本为20元，做待处理财产损溢处理。

（6）当月发生购进货物的全部进项税额为70 000元。

其他相关资料：上月进项税额已全部抵扣完毕，本月取得的进项税额抵扣凭证均已申报抵扣。购销货物增值税税率均为13%，税务局核定的B产品成本利润率为10%。

要求：请计算该电子企业当月应缴纳的增值税税额。

12. 某生产企业为增值税一般纳税人，其生产的货物适用13%的增值税税率，2021年3月该生产企业的有关生产经营业务如下：

（1）销售甲产品给某商场，开具了增值税专用发票，取得不含税销售额80万元；同时取得销售甲产品的送货运输费收入5.65万元（含增值税价格，与销售货物不能分别核算）。

（2）销售乙产品，开具了增值税普通发票，取得含税销售额22.6万元。

（3）将自产的一批应税新产品用于本企业集体福利项目，成本价为20万元，该新产品无同类产品市场销售价格，国家税务总局确定该产品的成本利润率为10%。

（4）销售2017年10月购进作为固定资产使用过的进口摩托车5辆，开具增值税专用发票，发票上注明每辆取得不含税销售额1万元。

（5）购进货物取得增值税专用发票，发票上注明货款金额为60万元，税额为7.8万元；另外支付购货的运输费用6万元，取得运输公司开具的增值税专用发票，发票上注明税额为0.54万元。

（6）从农产品经营者（小规模纳税人）购进一批农产品作为生产货物的原材料，取得的增值税专用发票上注明不含税金额为30万元，税额为0.9万元，同时支付给运输单位运费5万元（不含增值税），取得运输部门开具的增值税专用发票，发票上注明税额为0.45万元。本月下旬将购进农产品的20%用于本企业职工福利。

（7）当月租入商用楼房一层，取得对方开具的增值税专用发票，发票上注明税额为5.22万元。该楼房的1/3用于工会的集体福利项目，其余为企业管理部门使用。

以上相关票据均符合税法的规定。

要求：请按下列顺序计算该企业3月应缴纳的增值税税额。

（1）计算销售甲产品的销项税额。

（2）计算销售乙产品的销项税额。

（3）计算自产自用新产品的销项税额。

（4）计算销售使用过的摩托车的销项税额。

（5）计算当月允许抵扣进项税额的合计数。

（6）计算该企业3月合计应缴纳的增值税税额。

13. 某进出口公司9月进口商品一批，海关核定的关税完税价格为700万元，当月在国内销售，取得不含税销售额1 900万元，该商品的关税税率为10%，增值税税率为13%。请计算该公司9月进口环节应缴纳的增值税税额和国内销售环节应缴纳的增值税税额。

14. 某公司是增值税一般纳税人，2020 年 8 月进行中秋节促销，当月销售各类月饼的含税销售收入为 150 万元；将上月外购的"稻香春"牌月饼做如下处理：300 盒发放给职工作为福利，100 盒直接无偿捐赠给当地建档立卡贫困村的贫困户，50 盒赠送给客户。"稻香春"牌月饼对外含税售价为 800 元/盒，上月购进"稻香春"牌月饼 1 000 盒，取得的增值税专用发票已认证抵扣，价税合计 67.8 万元。请计算该公司当月应缴纳的增值税税额。

15. 某进出口公司当月进口 120 辆小轿车，每辆关税完税价格 7 万元人民币。该公司当月销出其中的 110 辆，每辆价税合并销售价 22.6 万元。已知小轿车关税税率为 10%，消费税税率为 5%，请计算该公司当月应缴纳的增值税税额。

16. 某商贸企业为增值税一般纳税人，进口机器一台，关税完税价格为 2 000 000 元，假设进口关税为 400 000 元，进口环节取得海关开具的增值税专用缴款书；支付国内运输企业的运输费用，取得的增值税专用发票上注明运费 2 000 元，税款 180 元；本月将机器售出，取得不含税销售额 3 500 000 元。请计算该企业当月应缴纳的增值税税额。

三、习题参考答案

（一）单项选择题

1. 【答案】D

2. 【答案】B

【解析】增值税按对外购固定资产处理方式的不同，可划分为生产型增值税、收入型增值税和消费型增值税。生产型增值税是指计算增值税时，不允许扣除任何外购固定资产的价款；收入型增值税是指计算增值税时，对外购固定资产价款只允许扣除当期计入产品价值的折旧费部分；消费型增值税是指计算增值税时，允许将当期购入的固定资产价款一次性全部扣除。

3. 【答案】D

【解析】合同标的物在境内的合同能源管理服务，不属于免征增值税的项目。

4. 【答案】D

5. 【答案】B

6. 【答案】B

【解析】选项B：属于兼营行为，应区分货物和服务按照不同税率缴纳增值税。

7. 【答案】B

【解析】单位或者个体工商户向其他单位或者个人无偿提供服务、无偿转让无形资产或者不动产，视同销售，但用于公益事业或者以社会公众为对象的除外。

8. 【答案】D

【解析】选项D：属于传统增值税征税范围，应缴纳增值税。

9. 【答案】A

【解析】根据规定，单位或者个体工商户聘用的员工为本单位或者雇主提供交通运输业和部分现代服务业服务，属于非营业活动，不属于应税服务，因此选项BD不属于应税服务；单位或者个体工商户向其他单位或者个人无偿提供交通运输业和部分现代服务业服务，视同提供应税服务，但以公益活动为目的或者以社会公众为对象的除外，选项C属于以公益活动为目的的无偿提供，因此不属于应税服务；选项A属于现代服务业应税范围中的文化创意服务。

10. 【答案】A

【解析】境外单位或者个人向境内单位或者个人销售完全在境外发生的服务，境外单位或者个人向境内单位或者个人销售完全在境外使用的无形资产，境外单位或者个人向境内单位或者个人出租完全在境外使用的有形动产，都不属于增值税境内销售服务行为。

11. 【答案】C

12. 【答案】B

13. 【答案】B

【解析】增值电信服务适用的增值税税率是6%。

14. 【答案】A

【解析】选项BCD：均按13%抵扣进项税额。

15. 【答案】A

【解析】选项BD：适用9%的税率；选项C：适用6%的税率。

16. 【答案】C

【解析】小规模纳税人销售不动产（不含个人住房），适用5%的征收率。

17. 【答案】D

【解析】一般纳税人提供客运场站服务，以其取得的全部价款和价外费用，扣除支付给承运方运费后的余额为销售额。

18. 【答案】A

19. 【答案】A

【解析】销售货物的同时代办保险等而向购买方收取的保险费，以及向购买方收取的代购买方缴纳的车辆购置税税款、车辆牌照费，不属于价外费用，不计征增值税。

20. 【答案】C

【解析】选项A：属于增值税视同销售行为；选项B：自然灾害造成的损失不属于非正常损失，无须做进项税额转出；选项D：一般纳税人发生购货退回，如果取得红字增值税专用发票，应冲减原进项税额，不做转出处理。

21. 【答案】D

【解析】用于免税项目的购进货物，进项税额不得抵扣。选项ABC如果符合抵扣条件，都可以抵扣。

22. 【答案】B

【解析】纳税人为销售货物出租出借包装物而收取的押金，单独记账核算，时间在1年以内且未逾期的，不并入销售额征税；但对逾期未收回包装物不再退还的押金，应按所包装货物的适用税率计算增值税。"逾期"是指按合同约定实际逾期或以1年为期限，对收取1年以上的押金，无论是否退还均并入销售额征税。对销售除啤酒、黄酒外的其他酒类产品而收取的包装物押金，无论是否返还及会计上如何核算，均应并入当期销售额征税。

23. 【答案】B

【解析】转让金融商品出现的正负差，按盈亏相抵后的余额为销售额。若相抵后出现负差，可结转下一个纳税期与下期转让金融商品销售额相抵，但年末时仍出现负差的，不得转入下一个会计年度。金融商品转让不得开具增值税专用发票。

24．【答案】C

【解析】销售额是指纳税人销售货物或提供应税劳务向购买方收取的全部价款和价外费用。价外费用包括价外向购买方收取的手续费、补贴、包装费等。

25．【答案】B

【解析】选项A：纳税人采取折扣方式销售货物的，如果销售额和折扣额在同一张发票上分别注明，可以按折扣后的销售额征收增值税；如果将折扣额另开发票，不论其在财务上如何处理，均不得从销售额中减除折扣额。选项C：采取以旧换新方式销售货物的，应按新货物的同期销售价格确定销售额，不得扣减旧货物的收购价格。但是，对于金银首饰的以旧换新业务，可以按销售方实际收取的不含增值税的全部价款征收增值税。选项D：采取以物易物方式销售货物的，双方都应做购销处理。

26．【答案】C

【解析】"出口货物零税率"是指对规定的出口货物，在出口环节不征税，并且对该货物在出口前已缴纳的增值税进行退税，使出口货物的整体税负为零。

27．【答案】C

【解析】个人将购买不足2年的住房对外销售的，按照5%的征收率全额缴纳增值税（选项D错误）；个人将购买2年以上（含2年）的住房对外销售的，免征增值税（注意：这里无论是普通住房还是非普通住房都是免征增值税的）。上述政策适用于北京市、上海市、广州市和深圳市之外的地区。

个人将购买不足2年的住房对外销售的，按照5%的征收率全额缴纳增值税；个人将购买2年以上（含2年）的非普通住房对外销售的，以销售收入减去购买住房价款后的差额按照5%的征收率缴纳增值税；个人将购买2年以上（含2年）的普通住房对外销售的，免征增值税。上述政策仅适用于北京市、上海市、广州市和深圳市。

28．【答案】C

【解析】选项ABD：不属于免征增值税的项目。

29．【答案】C

30．【答案】B

（二）多项选择题

1．【答案】ABCD

2．【答案】AB

【解析】选项C：水路运输的光租业务属于有形动产租赁，税率为13%；选项D：转让土地使用权，税率为9%。

3. 【答案】AB

【解析】选项C：航空运输的湿租业务，属于航空运输服务；选项D：水路运输的程租业务，属于水路运输服务。

4. 【答案】ABCD

【解析】选项AD：委托加工白酒收回后直接对外销售，饮食业对外销售非现场消费的食品，都属于销售货物，应征收增值税；选项B：钟表眼镜店为顾客修理眼镜，属于提供加工、修理修配劳务，应征收增值税；选项C：企业变卖厂房，属于转让不动产，应征收增值税。

5. 【答案】ABC

【解析】乙企业用自产的产品抵顶甲企业货款，甲企业应做购货处理，并按规定计算进项税额；乙企业应做销售处理，并按规定计算销项税额。

6. 【答案】BD

【解析】下列情形不属于在境内销售服务或者无形资产：（1）境外单位或者个人向境内单位或者个人销售完全在境外发生的服务；（2）境外单位或者个人向境内单位或者个人销售完全在境外使用的无形资产；（3）境外单位或者个人向境内单位或者个人出租完全在境外使用的有形动产；（4）境外单位或者个人为出境的函件、包裹在境外提供的邮政服务、收派服务；（5）境外单位或者个人向境内单位或者个人提供的工程施工地点在境外的建筑服务、工程监理服务；（6）境外单位或者个人向境内单位或者个人提供的工程、矿产资源在境外的工程勘察勘探服务；（7）境外单位或者个人向境内单位或者个人提供的会议展览地点在境外的会议展览服务；（8）财政部和国家税务总局规定的其他情形。

7. 【答案】ABD

【解析】选项C：属于销售不动产项目。

8. 【答案】BCD

【解析】将自产、委托加工的货物用于集体福利或者个人消费，视同销售缴纳增值税；将自产、委托加工或购进的货物，作为投资提供给其他单位或者个体工商户、分配给股东或者投资者、无偿赠送给其他单位或者个人，视同销售缴纳增值税；将外购的货物用于个人消费，其进项税额不能抵扣。因此，选项BCD符合规定。

9. 【答案】CD

【解析】选项A：属于提供"现代服务商务辅助服务"；选项B：属于提供"建筑服务"。

10. 【答案】ABCD

11. 【答案】AC

【解析】增值税纳税人分类的基本依据是纳税人的会计核算是否健全,以及企业规模的大小,衡量企业规模的大小一般以年销售额为依据。

12. 【答案】BCD

13. 【答案】ABC

14. 【答案】AD

【解析】选项A:纳税人购进国内旅客运输服务,取得注明旅客身份信息的航空运输电子客票行程单的,航空旅客运输进项税额=(票价+燃油附加费)÷(1+9%)×9%;选项D:纳税人购进用于生产或者委托加工13%税率货物的农产品,按照10%的扣除率计算进项税额。

15. 【答案】ABC

【解析】选项D:包装物租金应并入销售额征税。

16. 【答案】BC

【解析】选项A:外购的生产性固定资产,可做进项税额抵扣;选项D:外购货物用于无偿赠送他人,属于增值税视同销售行为。

17. 【答案】ABC

【解析】纳税人为销售货物出租出借包装物而收取的押金,单独记账核算,时间在1年以内且未逾期的,不并入销售额征税;但对逾期未收回包装物不再退还的押金,应按所包装货物的适用税率计算增值税。"逾期"是指按合同约定实际逾期或以1年为期限,对收取1年以上的押金,无论是否退还均并入销售额征税。对销售除啤酒、黄酒外的其他酒类产品而收取的包装物押金,无论是否返还及会计上如何核算,均应并入当期销售额征税。

18. 【答案】BD

【解析】选项B:属于用于免征增值税项目的运输费用,不能抵扣进项税额;选项D:属于用于集体福利或者个人消费的购进货物的运输费用,不能抵扣进项税额;选项AC:货物本身的进项税额可以抵扣,其运输费用的进项税额也可以抵扣。

19. 【答案】CD

【解析】选项A:属于正常可以抵扣进项税额的项目;选项B:将外购的货物用于不动产在建工程,属于用于"营改增"后增值税应税项目,可以抵扣进项税额;选项CD:因管理不善造成被盗、丢失、霉烂变质的购进货物,其对应的进项税额不得抵扣。

20. 【答案】ABD

【解析】选项C:外购货物对外投资应视同销售,其进项税额可以抵扣。

21. 【答案】ABC

【解析】选项D:不属于免税项目,应征收增值税。

22.【答案】BCD

【解析】选项A：企业销售使用过的机器设备应当缴纳增值税。

23.【答案】AB

24.【答案】ABCD

25.【答案】ABC

【解析】增值税专用发票基本联次有发票联、抵扣联、记账联。

(三) 判断题

1.【答案】√

【解析】消费型增值税允许企业凭固定资产的外购发票，将购入固定资产所含的增值税税额进行抵扣，而生产型增值税则不允许。

2.【答案】×

【解析】增值税虽然是向纳税人征收，但是纳税人在销售商品的过程中会通过价格杠杆将税收负担转嫁给其他人，只要商品实现销售，该税收负担最后会由最终消费者承担。

3.【答案】√

4.【答案】×

【解析】混合销售行为是指一项销售行为既涉及货物又涉及服务，货物和服务之间具有直接紧密的连带从属关系。

5.【答案】×

【解析】出租车公司向使用本公司自有出租车的出租车司机收取的管理费用，按照"陆路运输服务"缴纳增值税。

6.【答案】√

7.【答案】×

【解析】存款利息不征收增值税。

8.【答案】×

【解析】增值税纳税人分类的基本依据是纳税人的会计核算是否健全，以及企业规模的大小，而衡量企业规模的大小一般以年销售额为依据。年不含税销售额在500万元以下，从事货物生产的纳税人，如果会计核算健全，也可以被认定为增值税一般纳税人。

9.【答案】√

【解析】根据《中华人民共和国增值税暂行条例》的规定，在中华人民共和国境内销售货物或者提供加工、修理修配劳务，销售服务、无形资产、不动产，以及进口货物的单位和个人，为增值税的纳税人。

10.【答案】×

【解析】增值税一般纳税人的税率除基本税率13%和零税率外，还有低税率9%、较低税率6%，一共为四档税率。

11.【答案】×

【解析】增值税小规模纳税人的征收率除3%外，还有5%、3%减按2%等。

12.【答案】×

13.【答案】×

【解析】一般纳税人购进农产品，按下列规定抵扣进项税额：（1）取得一般纳税人开具的增值税专用发票或者海关进口增值税专用缴款书的，以增值税专用发票或者海关进口增值税专用缴款书上注明的增值税税额为进项税额；（2）从按照简易计税方法依照3%征收率计算缴纳增值税的小规模纳税人取得增值税专用发票的，以增值税专用发票上注明的金额和9%的扣除率计算进项税额；（3）取得（开具）农产品销售发票或者收购发票的，以农产品销售发票或者收购发票上注明的农产品买价和9%的扣除率计算进项税额；（4）纳税人购进用于生产销售或者委托加工13%税率货物的农产品，按照10%的扣除率计算进项税额。

14.【答案】×

【解析】并非所有的进项税额都可以从销项税额中抵扣，税法规定了可以抵扣和不可抵扣的情形，进项税额抵扣一般分凭票抵扣和计算抵扣两种情况，符合税法规定的抵扣情形才可以抵扣。

15.【答案】×

【解析】税法规定，采取折扣方式销售货物，如果销售额和折扣额在同一张发票上的"金额"栏中分别注明，可按折扣后的销售额征收增值税；仅在发票"备注"栏中注明折扣额的，折扣额不得从销售额中扣除。如果对折扣额另开发票，不论其在财务上如何处理，均不得从销售额中减除折扣额。

16.【答案】×

【解析】销售汽车的同时向购买方收取的代购买方缴纳的车辆购置税税款、车辆牌照费，不属于价外费用，不应并入销售额计算应纳税额。

17.【答案】√

【解析】除金银首饰外的货物以旧换新销售，应按新货物的同期销售价格确定销售额，不得扣减旧货物的收购价格。

18.【答案】×

【解析】乙企业按合同规定向甲企业收取的违约金属于价外费用，应按规定计征增值税。

19.【答案】×

【解析】增值税一般纳税人购进的贷款服务、餐饮服务、居民日常服务和娱乐服务,不得抵扣进项税额。

20．【答案】×

【解析】按照税法的规定,增值税小规模纳税人购进货物(除购进税控收款机外)不论是否取得增值税专用发票,都不能抵扣进项税额。

21．【答案】×

【解析】纳税人发生应税行为适用免税、减税规定的,可以放弃免税、减税,依照规定缴纳增值税。放弃免税、减税后,36个月内不得再申请免税、减税。

22．【答案】×

【解析】纳税人兼营免税、减税项目的,应当分别核算免税、减税项目的销售额;未分别核算销售额的,不得免税、减税。

23．【答案】√

24．【答案】×

【解析】进口货物纳税义务发生的时间为报关进口的当天。

25．【答案】√

(四)计算题

1．【答案】

甲企业此项业务的计税销售额 = 5 000 × 80% × 80 = 320 000(元)

2．【答案】

本月应纳税销售额 = 100 000 + 20 000 + 10 000 + 50 000 = 180 000(元)

3．【答案】

(1)赠送液晶电视的销售额 = 10 × 5 000 = 50 000(元)

(2)赠送新型节能空调的销售额 = 5 × 8 000 × (1 + 10%) = 44 000(元)

(3)本月的计税销售额 = 50 000 + 44 000 = 94 000(元)

4．【答案】

(1)销售机器的增值税销项税额 = 1 300 + 226 ÷ (1 + 13%) × 13% = 1 326(元)

(2)销售货物的增值税销项税额 = [200 + 180 + (200 + 180) ÷ 2] × 2 000 × 13% = 148 200(元)

(3)该批外套的增值税销项税额 = 300 × 600 × (1 + 10%) × 13% = 25 740(元)

(4)当月的增值税销项税额 = 1 326 + 148 200 + 25 740 = 175 266(元)

5．【答案】

(1)外购货物可以抵扣的进项税额 = 24 - 24 × 1/4 = 18(万元)

(2)销售货物可以抵扣的进项税额 = 20 - 20 × 300 ÷ (700 + 300) = 14(万元)

(3)当月可以抵扣的进项税额 = 18 + 14 = 32(万元)

6.【答案】

(1) 5月取得的不含税销售额 = 22.36 ÷ (1 + 3%) ≈ 21.71(万元)

(2) 5月应缴纳的增值税税额 = 21.71 × 3% ≈ 0.65(万元)

7.【答案】

9月应缴纳的增值税税额 = 18.54 ÷ (1 + 3%) × 3% = 0.54(万元)

8.【答案】

(1) 3月取得的不含税销售额 = (82 000 + 57 050) ÷ (1 + 3%) = 135 000(元)

(2) 3月应缴纳的增值税税额 = 135 000 × 3% = 4 050(元)

9.【答案】

(1) 当月允许抵扣的进项税额 = 78 − 0.65 = 77.35(万元)

(2) 当月销项税额 = [1 000 + 56.5 ÷ (1 + 13%) + 4.52 ÷ (1 + 13%)] × 13% = 137.02(万元)

(3) 当月应缴纳的增值税税额 = 137.02 − 77.35 = 59.67(万元)

10.【答案】

(1) 当期进项税额 = 2.99 + 1.04 + 40 × 10% − 1.04 × 2 = 5.95(万元)

(2) 当期销项税额 = 42 × 13% = 5.46(万元)

(3) 当期应缴纳的增值税税额 = 5.46 − 5.95 − 0.5 = −0.99(万元)

(4) 期末留抵进项税额 = 0.99(万元)

11.【答案】

(1) 销售A产品的销项税额 = 50 × 8 000 × 13% = 52 000(元)

(2) B产品视同销售的销项税额 = 20 × 6 000 × (1 + 10%) × 13% = 17 160(元)

(3) 内部职工集体福利领用甲材料转出进项税额 = 50 × 1 000 × 13% = 6 500(元)

(4) 免征增值税项目领用甲材料转出进项税额 = 50 × 200 × 13% = 1 300(元)

免征增值税项目领用A产品视同销售的销项税额 = 5 × 8 000 × 13% = 5 200(元)

(5) 丢失乙材料转出进项税额 = 20 × 800 × 13% = 2 080(元)

(6) 当月销项税额 = 52 000 + 17 160 + 5 200 = 74 360(元)

(7) 当月可抵扣进项税额 = 70 000 − (6 500 + 1 300 + 2 080) = 60 120(元)

(8) 当月应缴纳的增值税税额 = 74 360 − 60 120 = 14 240(元)

12.【答案】

(1) 销售甲产品的销项税额 = 80 × 13% + 5.65 ÷ (1 + 13%) × 13% = 11.05(万元)

(2) 销售乙产品的销项税额 = 22.6 ÷ (1 + 13%) × 13% = 2.6(万元)

(3) 自产自用新产品的销项税额 = 20 × (1 + 10%) × 13% = 2.86(万元)

(4) 销售使用过的摩托车的销项税额 = 1 × 13% × 5 = 0.65(万元)

(5)当月允许抵扣进项税额的合计数 = 7.8 + 0.54 + (30 × 10% + 0.45) × (1 - 20%) + 5.22 = 16.32(万元)

(6)该企业3月应缴纳的增值税税额 = 11.05 + 2.6 + 2.86 + 0.65 - 16.32 = 0.84(万元)

13.【答案】

(1)该公司9月进口环节应缴纳的增值税税额 = 700 × (1 + 10%) × 13% = 100.1(万元)

(2)该公司9月国内销售环节应缴纳的增值税税额 = 1 900 × 13% - 100.1 = 146.9(万元)

14.【答案】

(1)销售月饼适用13%的税率,增值税销项税额 = 150 ÷ (1 + 13%) × 13% ≈ 17.26(万元)

(2)外购月饼赠送客户为视同销售行为,销售月饼适用13%的税率,增值税销项税额 = 0.08 × 50 ÷ (1 + 13%) × 13% ≈ 0.46(万元)

(3)外购月饼捐赠给贫困户免征增值税,免税销售额 = 0.08 × 100 = 8(万元)

(4)外购月饼用于集体福利,进项税额不得抵扣,已抵扣的进项税额在当月转出;外购月饼捐赠给贫困户免征增值税,进项税额需要转出。进项税额转出 = 67.8 × (300 + 100) ÷ 1 000 ÷ (1 + 13%) × 13% = 3.12(万元)

(5)当月销项税额 = 17.26 + 0.46 = 17.72(万元)

(6)当月进项税额 = -3.12(万元)

(7)当月应缴纳的增值税税额 = 17.72 - (-3.12) = 20.84(万元)

15.【答案】

(1)进口关税 = 7 × 10% × 120 = 84(万元)

(2)进口消费税 = (7 × 120 + 84) ÷ (1 - 5%) × 5% ≈ 48.63(万元)

(3)进口增值税 = (7 × 120 + 84 + 48.63) × 13%

或 [7 × 120 × (1 + 10%)] ÷ (1 - 5%) × 13% ≈ 126.44(万元)

(4)当月销项税额 = 22.6 ÷ (1 + 13%) × 110 × 13% = 286(万元)

(5)当月应缴纳的增值税税额 = 286 - 126.44 = 159.56(万元)

16.【答案】

(1)进口环节向海关缴纳的增值税 = (2 000 000 + 400 000) × 13% = 312 000(元)

(2)国内销售环节,凭海关开具的增值税专用缴款书和运输企业的增值税专用发票做进项税额抵扣:当月进项税额 = 312 000 + 180 = 312 180(元)

(3)当月销项税额 = 3 500 000 × 13% = 455 000(元)

(4)当月应缴纳的增值税税额 = 455 000 - 312 180 = 142 820(元)

第三章 消费税法

一、主要内容

本章主要阐述消费税法的基本政策和制度。消费税是指对消费品和特定的消费行为按流转额征收的一种商品税。

目前，消费税税目包括烟、酒、高档化妆品等十五种商品，部分税目还进一步划分了若干子目。对消费税的征收分布于以下环节：第一，对生产应税消费品在生产销售环节征税；第二，对委托加工应税消费品在委托加工环节征税；第三，对进口应税消费品在进口环节征税；第四，对零售特定应税消费品在零售环节征税；第五，对移送使用应税消费品在移送使用环节征税；第六，对批发卷烟在卷烟的批发环节征税。

消费税采用比例税率和定额税率两种形式，以适应不同应税消费品的实际情况。按照现行消费税法的规定，消费税应纳税额的计算分为从价计征、从量计征和从价从量复合计征三种方法。为了鼓励出口货物公平竞争，我国的出口货物、劳务和跨境应税行为实行退（免）消费税制度。

消费税的纳税义务发生时间规定为：纳税人销售应税消费品的，于纳税人销售时纳税；纳税人自产自用的应税消费品，用于连续生产应税消费品的，不纳税，用于其他方面的，为移送使用的当天；纳税人委托加工应税消费品的，为纳税人提货的当天；纳税人进口应税消费品的，为报关进口的当天。消费税由税务机关征收，进口应税消费品的消费税由海关代征。

二、习题

(一) 单项选择题

1. 下列各项商品,应征收消费税的是( )。
   A. 农用拖拉机 B. 电动汽车
   C. 游艇 D. 调味料酒

2. 下列各项商品,属于消费税应税商品的是( )。
   A. 沙滩车 B. 汽车轮胎
   C. 鞭炮药引线 D. 电池

3. 下列各项商品,属于消费税应税商品的是( )。
   A. 超豪华小汽车 B. 卡丁车
   C. 高尔夫车 D. 电动汽车

4. 根据消费税法律制度的规定,下列行为应缴纳消费税的是( )。
   A. 进口卷烟 B. 进口服装
   C. 零售实木地板 D. 零售白酒

5. 下列行为涉及的货物,属于消费税征税范围的有( )。
   A. 批发商批发销售的雪茄烟 B. 商场销售的普通化妆品
   C. 汽车制造厂销售的电动汽车 D. 电池生产厂家销售的电池

6. 关于消费税的征税范围,下列说法正确的是( )。
   A. 对饮食业、娱乐业举办的啤酒屋生产的啤酒,只征收消费税,不征收增值税
   B. 宝石坯属于珠宝玉石半成品,所以不征收消费税
   C. 以柴油、柴油组分调和生产的生物柴油属于成品油征税范围
   D. 调味料酒按照"其他酒"的税率征收消费税

7. 根据消费税法律制度的规定,下列行为既要缴纳增值税又要缴纳消费税的是( )。
   A. 商场销售卷烟 B. 商场销售白酒
   C. 商场销售金银首饰 D. 商场销售高档化妆品

8. 下列企业,不属于消费税纳税义务人的是( )。
   A. 零售金银首饰的首饰店 B. 从事白酒批发业务的商贸企业
   C. 进口小汽车的外贸企业 D. 委托加工烟丝的卷烟厂

9. 下列关于消费税纳税人的说法,正确的是( )。
   A. 委托加工卷烟的纳税人是委托方

B. 零售金银首饰的纳税人为消费者

C. 受托加工白酒的王某为消费税的纳税人

D. 进口小汽车的进口企业不缴纳消费税

10. 除受托方为个人外，委托加工的应税消费品，由受托方在(　　)时代收代缴税款。

　　A. 接受委托　　　　　　　　B. 加工完成

　　C. 收取加工费用　　　　　　D. 向委托方交货

11. 下列商品进口时，从量计征消费税的是(　　)。

　　A. 啤酒　　　　　　　　　　B. 药酒

　　C. 摩托车　　　　　　　　　D. 摄像机

12. 根据消费税法律制度的规定，下列消费品实行从量定额与从价定率相结合征税办法的是(　　)。

　　A. 啤酒　　　　　　　　　　B. 雪茄烟

　　C. 白酒　　　　　　　　　　D. 游艇

13. 企业生产的下列消费品，无须缴纳消费税的是(　　)。

　A. 地板企业生产用于装修本企业办公室的实木地板

　B. 汽车企业生产用于本企业管理部门的轿车

　C. 化妆品企业生产用于交易会样品的高档化妆品

　D. 卷烟企业生产用于连续生产卷烟的烟丝

14. 根据消费税适用税率的规定，下列描述错误的是(　　)。

　A. 纳税人兼营不同税率的应税消费品未分别核算的，按最高税率征税

　B. 纳税人将应税消费品与非应税消费品及适用不同税率的应税消费品组成成套消费品销售的，应根据成套消费品的销售金额按应税消费品中适用税率最高的消费品税率征税

　C. 黄酒、白酒适用从量计征的规定

　D. 包装物押金不包括供重复使用的塑料周转箱押金

15. 下列关于消费税税率的说法，不正确的是(　　)。

　A. 黄酒、啤酒采用定额税率形式

　B. 纳税人将应税消费品与非应税消费品组成成套消费品销售的，应分别核算其销售额和销售量，分别计征消费税

　C. 自2015年5月10日起，将卷烟批发环节从价税税率由5%提高至11%，并按0.005元/支加征从量税

　D. 非标准条包装卷烟应当折算成标准条包装卷烟的数量，以其实际销售收入计算

确定其折算成标准条包装后的实际销售价格，并确定适用的比例税率

16. 下列关于消费税计税依据的说法，正确的是（　　）。

　A. 纳税人销售金银首饰，计税依据为含增值税的销售额

　B. 金银首饰连同包装物销售，计税依据为含包装物金额的销售额

　C. 带料加工金银首饰，计税依据为受托方收取的加工费

　D. 以旧换新方式销售金银首饰，计税依据为新金银首饰的销售额

17. 下列关于委托加工应税消费品的表述，错误的是（　　）。

　A. 委托个体经营者加工应税消费品，于委托方收回后在委托方所在地缴纳消费税

　B. 委托加工的应税消费品，按照委托方的同类消费品的销售价格计算纳税

　C. 受托方应代收代缴委托方应缴纳的消费税，但不代收代缴委托方应缴纳的增值税

　D. 委托加工收回的已税消费品直接销售的，不再缴纳消费税

18. 纳税人采用以旧换新方式销售金银首饰，应按照（　　）确定销售额。

　A. 旧金银首饰的同期销售价格

　B. 新金银首饰的同期销售价格

　C. 新金银首饰与旧金银首饰价格的差额

　D. 组成计税价格

19. 根据现行消费税相关政策的规定，下列说法正确的是（　　）。

　A. 纳税人将自产的应税消费品用于赠送，按同类消费品的最高价格计算应纳消费税税额

　B. 纳税人用外购的已税珠宝玉石生产的金银镶嵌首饰，在计税时，可以扣除外购珠宝玉石的已纳税款

　C. 委托加工的应税消费品，按照受托方的同类消费品的销售价格计算纳税；没有同类消费品销售价格的，按照组成计税价格计算纳税

　D. 纳税人通过自设非独立核算门市部销售的自产应税消费品，应当按照移送数量计算征收消费税

20. 纳税人销售应税消费品向购买方收取的下列各项费用，不应计入销售额征收消费税的是（　　）。

　A. 返还利润

　B. 违约金

　C. 品牌使用费

　D. 承运部门的运费发票开给购买方且由销售方转交给购买方的运输费用

21. 2021年3月，某化妆品生产企业销售给商贸企业一批高档化妆品，其不含税价

款为 100 万元，商贸企业又零售给消费者 50 万元的高档化妆品，高档化妆品的消费税税率为 15%。2021 年 3 月发生的业务共涉及消费税（　　）万元。

A. 15 B. 10
C. 25 D. 20

22. 某化妆品厂为增值税一般纳税人，7 月向某商场销售由高档化妆品和洗发水组成的成套产品 240 套，取得不含税收入 240 万元，其中高档化妆品收入 200 万元，洗发水收入 40 万元。将一批新研制的高档香水作为试用品赠送给消费者使用，该批高档香水的成本为 2 万元，成本利润率为 5%，市场没有同类高档香水的销售价格。已知高档化妆品消费税税率为 15%。该化妆品厂当月应缴纳消费税（　　）万元。

A. 60.63 B. 72.63
C. 72.90 D. 36.37

23. 以一个月为一期的消费税纳税人，于期满后（　　）内申报纳税。

A. 1 日 B. 5 日
C. 15 日 D. 30 日

24. 根据消费税纳税义务发生时间的规定，以发出应税消费品当天为纳税义务发生时间的是（　　）。

A. 采取预收货款结算方式销售应税消费品
B. 采取分期收款结算方式销售应税消费品
C. 采取赊销结算方式销售应税消费品
D. 采取其他结算方式销售应税消费品

25. 下列关于消费税纳税地点的表述，正确的是（　　）。

A. 纳税人总机构与分支机构不在同一省的，由总机构汇总向总机构所在地的主管税务机关申报纳税
B. 纳税人销售的应税消费品，除另有规定外，应向纳税人机构所在地或者居住地的主管税务机关申报纳税
C. 委托加工的应税消费品，受托方为个人的，由受托方向居住地的主管税务机关申报纳税
D. 进口的应税消费品，由进口人或者其代理人向机构所在地的主管税务机关申报纳税

（二）多项选择题

1. 根据消费税的现行规定，下列应缴纳消费税的有（　　）。

A. 钻石的进口 B. 高档化妆品的购买消费
C. 卷烟的批发 D. 金银首饰的零售

2. 下列情形，应缴纳消费税的有（　　）。

A. 将自产的鞭炮赠送他人　　　　B. 将自产的高档化妆品赠送他人

C. 将自产的钻石用于零售　　　　D. 将自产的啤酒用于样品

3. 根据《中华人民共和国消费税暂行条例》的规定，下列行为应征收消费税的有（　　）。

A. 将委托加工的应税消费品收回后用于非生产机构

B. 将自产的应税消费品用于非应税项目

C. 委托加工应税消费品

D. 将自产的应税消费品用于连续生产应税消费品

4. 下列行为，既缴纳增值税又缴纳消费税的有（　　）。

A. 酒厂将自产的白酒赠送给协作单位

B. 卷烟厂将自产的烟丝移送用于生产卷烟

C. 日化厂将自产的香水精（属于高档化妆品）移送用于生产护肤品

D. 汽车厂将自产的应税小汽车赞助给某艺术节组委会

5. 下列消费品移送使用时应缴纳消费税的有（　　）。

A. 将自产烟丝移送用于生产卷烟

B. 将自产卷烟用于职工福利

C. 将自产高档化妆品用作广告样品

D. 将自产的木制一次性筷子移送用于生产高档筷子

6. 某汽车制造厂生产的小汽车用于以下方面，应缴纳消费税的有（　　）。

A. 移送本厂研究部门做碰撞试验

B. 投资给某企业

C. 移送改装分厂改装加长型豪华小轿车

D. 赠送给当地公安机关办案用

7. 下列关于消费税征收范围的表述，正确的有（　　）。

A. 纳税人将自产自用的应税消费品用于馈赠、赞助的，缴纳消费税

B. 纳税人自产自用的应税消费品，用于连续生产应税消费品的，不缴纳消费税

C. 卷烟在生产和批发两个环节均缴纳消费税

D. 委托加工的应税消费品，受托方在交货时已代收代缴消费税，委托方收回后直接销售的，再缴纳一道消费税

8. 下列单位，不征收消费税的有（　　）。

A. 珠宝首饰零售商　　　　　　　B. 卷烟生产企业

C. 葡萄酒进口商　　　　　　　　D. 鞭炮零售商

9. 下列关于消费税纳税人的说法,正确的有( )。
A. 批发卷烟的纳税人是批发企业
B. 委托加工黄酒的纳税人是受托加工企业
C. 携带卷烟入境的纳税人是携带者
D. 零售金银首饰的纳税人是消费者

10. 消费税不同应税产品的纳税环节包括( )。
A. 批发环节					B. 进口环节
C. 零售环节					D. 生产销售环节

11. 下列有关卷烟批发环节消费税的表述,正确的有( )。
A. 卷烟批发环节消费税目前采用复合计税办法计征
B. 烟草批发企业将卷烟销售给其他烟草批发企业的,不缴纳消费税
C. 烟草批发企业兼营卷烟批发和零售业务,但未分别核算批发和零售环节的销售额、销售数量的,按全部销售额、销售数量计征批发环节消费税
D. 批发企业在计算消费税应纳税额时可以扣除已含的生产环节的消费税税款

12. 关于消费税,下列说法正确的是( )。
A. 应税消费品征收增值税的,其税基不含消费税
B. 应税消费品征收消费税的,其税基不含增值税
C. 出口退税时应退还国内已缴纳的消费税
D. 自产自用的应税消费品用于连续生产应税消费品的,不征收消费税

13. 根据消费税的现行规定,下列应税消费品,准予扣除外购的应税消费品已纳的消费税税款的有( )。
A. 外购已税摩托车连续生产的应税摩托车
B. 以外购已税珠宝玉石为原料生产的钻石首饰
C. 外购已税黄酒连续生产的散装药酒
D. 以外购已税实木地板为原料生产的实木地板

14. 下列关于现行消费税的表述,正确的有( )。
A. 计算啤酒出厂价格时,包装物押金中不包括供重复使用的塑料周转箱的押金
B. 两种消费品组合形成套装销售的,从高税率征收消费税
C. 粮食白酒定额税率为每千克1元,比例税率为20%
D. 未经国务院批准纳入计划的企业和个人生产的卷烟,暂不征收消费税

15. 纳税人销售应税消费品收取的下列款项,应计入消费税计税依据的有( )。
A. 集资款					B. 增值税销项税额

C. 未逾期的啤酒包装物押金　　　　D. 白酒品牌使用费

16. 某汽车制造企业下列经济业务应按最高售价计算消费税的有（　　）。

A. 将自产轿车用于对外投资　　　　B. 将自产轿车用于办公

C. 将自产轿车用于交换钢材　　　　D. 将进口汽车配件用于对外偿债

17. 纳税人外购和委托加工的应税消费品，用于连续生产应税消费品的，已缴纳的消费税税款准予从应纳消费税税额中抵扣。下列各项消费品，不得扣除已缴纳的消费税税款的有（　　）。

A. 委托加工收回的已税玉石生产的金银镶嵌首饰

B. 委托加工收回的酒精生产的白酒

C. 委托加工收回的已税烟丝生产的卷烟

D. 委托加工收回的高档香水生产的一般护肤护发产品

18. 计算白酒的消费税时，应并入白酒计税销售额的有（　　）。

A. 包装费　　　　　　　　　　　　B. 品牌使用费

C. 包装物押金　　　　　　　　　　D. 包装物租金

19. 根据现行政策，下列各项说法，符合委托加工应税消费品消费税处理规定的有（　　）。

A. 受托方未代扣代缴的，由受托方补缴

B. 受托方无同类消费品销售价格的，应按"（材料成本＋加工费）÷（1＋比例税率）"计算

C. 委托方收回后以不高于受托方计税价格出售的应税消费品，受托方在交货时已代扣代缴消费税的，不再征收消费税

D. 实行复合计税办法计算纳税的组成计税价格计算公式为：组成计税价格＝（材料成本＋加工费＋委托加工数量×定额税率）÷（1－比例税率）

20. 下列关于消费税纳税地点的表述，正确的有（　　）。

A. 纳税人销售应税消费品应向机构所在地或者居住地的主管税务机关申报纳税

B. 纳税人到外县（市）销售或者委托外县（市）代销自产应税消费品，于应税消费品销售后，向机构所在地或者居住地主管税务机关申报纳税

C. 纳税人的总机构与分支机构不在同一县（市）的，应当分别向各自机构所在地主管税务机关申报纳税

D. 委托加工应税消费品，一般由受托方和委托方本着方便缴纳的原则就近向税务机关缴纳税款

（三）判断题

1. 纳税人自产自用的应税消费品，用于连续生产应税消费品的，不缴纳消费税。（ ）

2. 我国目前对所有消费品都计征消费税。（ ）

3. 缴纳消费税的纳税人必然要缴纳增值税，反之亦然。（ ）

4. 黄酒、啤酒采用从价定率办法计征消费税。（ ）

5. 纳税人领用外购已税酒用于生产白酒，其外购酒已缴纳的消费税税款，准予从应纳消费税税额中扣除。（ ）

6. 我国的消费税在生产销售、委托加工和进口环节计征，并实行单一环节征税，批发、零售环节一律不征收消费税。（ ）

7. 根据现行消费税政策的规定，采取比例税率和定额税率双重征收的税目只有卷烟和啤酒。（ ）

8. 某卷烟厂通过自设独立核算门市部销售自产卷烟，应当按照门市部对外销售额或销售数量计算征收消费税。（ ）

9. 外购已税珠宝玉石生产的改在零售环节征收消费税的金银镶嵌首饰，在计税时一律不得扣除外购珠宝玉石的已纳税款。（ ）

10. 纳税人自产自用应税消费品，其消费税纳税义务发生时间为移送使用的当天。（ ）

（四）计算题

1. 某黄酒厂4月销售情况如下：

（1）销售瓶装黄酒100吨，每吨5 000元（含增值税），随黄酒发出不单独计价包装箱1 000个，一个月内退回，每个收取押金100元，共收取押金100 000元。

（2）销售散装黄酒38 480升，取得含增值税的价款180 000元。

（3）将10吨瓶装黄酒作为福利发给职工，含税价款为40 000元，参加展示会赞助4吨瓶装黄酒，价款16 000元。

（4）销售出去的瓶装黄酒被退回5吨，价款25 000元。

要求：请计算该黄酒厂4月应缴纳的消费税税额。

2. 某白酒生产企业为增值税一般纳税人，3月销售白酒60吨，取得不含增值税的销售额400万元。请计算该白酒生产企业3月应缴纳的消费税税额。

3. 甲酒厂提供成本为20万元、质量为200吨的粮食，委托乙酒厂加工成粮食白酒50吨，乙酒厂收取加工费10万元（不含增值税），垫付辅助材料费2万元（不含增值税），均开具了增值税专用发票，乙酒厂无同类产品售价。请计算乙酒厂上述业务应代收代缴的消费税。

4. 甲卷烟厂（增值税一般纳税人）委托乙烟丝加工厂（增值税小规模纳税人）加工一批烟丝，甲卷烟厂提供的烟叶在委托加工合同上注明成本为8万元。烟丝加工完，甲卷烟厂提货时，乙烟丝加工厂收取加工费，开具的增值税普通发票上注明的加工费金额为1万元，并代收代缴了烟丝的消费税。甲卷烟厂将这批加工收回的烟丝的50%对外直接销售，收入为6.5万元，低于受托方同类货物价格；另外的50%当月全部用于生产卷烟。当月销售卷烟40标准箱，取得不含税收入60万元。请计算甲卷烟厂应缴纳的消费税税额。

5. 某白酒生产企业（以下简称"甲企业"）为增值税一般纳税人，7月发生以下业务：

（1）向某烟酒专卖店销售粮食白酒20吨，开具普通发票，取得含税收入200万元，另收取品牌使用费50万元、包装费押金20万元。

（2）提供10万元的原材料，委托乙企业加工散装药酒1 000千克，收回时向乙企业支付不含增值税的加工费1万元，乙企业已代收代缴消费税。

（3）委托加工收回后将其中900千克散装药酒继续加工成瓶装药酒1 800瓶，以每瓶不含税售价 100 元通过非独立核算门市部销售完毕。将剩余 100 千克散装药酒作为福利分给职工，同类药酒的不含税售价为每千克 150 元。

（说明：药酒的消费税税率为 10%，白酒的消费税税率为 20% 加 0.5 元/500 克。）

根据上述资料，请回答以下问题：

（1）计算 7 月甲企业向烟酒专卖店销售白酒应缴纳的消费税税额。

（2）计算乙企业已代收代缴的消费税。

（3）计算 7 月甲企业销售瓶装药酒应缴纳的消费税税额。

（4）计算 7 月甲企业分给职工的散装药酒应缴纳的消费税税额。

6. 甲进出口公司本年 6 月进口白酒 2 500 吨，关税完税价格为 30 000 万元，关税税率为 30%。请计算甲进出口公司本年 6 月进口白酒应缴纳的消费税税额。

7. 某化妆品生产企业为增值税一般纳税人，2021 年 3 月 2 日向某大型商场销售高档化妆品一批，开具增值税专用发票，取得不含增值税销售额 90 万元，增值税税额 11.7 万元；3 月 18 日向某单位销售高档化妆品一批，开具普通发票，取得含增值税销售额 22.6 万元。请计算该化妆品生产企业 3 月应缴纳的消费税税额。

8. 某化妆品公司将一批自产的高档化妆品用作职工福利，该批高档化妆品的成本为15万元，无同类产品市场销售价格，但已知其成本利润率为5%，消费税税率为15%。请计算该批高档化妆品应缴纳的消费税税额。

9. 某企业为增值税一般纳税人，3月销售高档化妆品150箱，取得销售收入576.3万元（含增值税）。此外，接受某单位委托加工特制高档化妆品一批，计35箱，耗用原材料成本100万元（委托方提供），收取加工费20万元（不含增值税），同时还代垫辅助材料计价5万元（不含增值税），该企业没有同类产品销售价格。高档化妆品消费税税率为15%。

要求：
（1）请计算该企业应代收代缴的消费税。
（2）请计算该企业3月应缴纳的消费税税额。

10. 宏大公司为高尔夫球及球具生产厂家，是增值税一般纳税人。2021年6月发生以下业务：

（1）购进一批原材料，取得的增值税专用发票上注明的价款为5 000元、增值税税款为650元，委托兴业公司将其加工成20个高尔夫球包，支付加工费10 000元、增值税税款1 300元，取得兴业公司开具的增值税专用发票；兴业公司同类高尔夫球包不含税销售价格为450元/个。宏大公司收回时，兴业公司代收代缴了消费税。

（2）从生产企业购进高尔夫球杆的杆头，取得的增值税专用发票上注明的货款为17 200元、增值税税款为2 236元；购进高尔夫球杆的杆身，取得的增值税专用发票上注明的货款为23 600元、增值税税款为3 068元；购进高尔夫球握把，取得的增值税专用发票上注明的货款为1 040元、增值税税款为135.2元；当月领用外购的杆头、握把、杆身各90%，加工成A、B两种型号的高尔夫球杆，共20根。

（3）当月将自产的A型高尔夫球杆2根对外销售，取得不含税销售收入10 000元；

另将自产的 A 型高尔夫球杆 5 根赞助给高尔夫球大赛。

（4）将自产的 3 根 B 型高尔夫球杆移送至非独立核算门市部销售，当月门市部对外销售了 2 根，取得价税合计金额 22 148 元。

高尔夫球及球具消费税税率为 10%，成本利润率为 10%。

要求：

（1）请计算兴业公司应代收代缴的消费税。

（2）请计算宏大公司应自行向税务机关缴纳的消费税税额。

11. 国内某企业 5 月进口高档化妆品一批，关税完税价格为 50 万元。该批高档化妆品进口后，其中三分之一当月领用加工成新的成套化妆品全部出售，开具增值税专用发票，取得不含增值税销售额 180 万元。进口关税税率为 10%，消费税税率为 15%。请计算该企业应缴纳的关税、增值税和消费税。

12. 2021年6月，国内一家手表生产企业进口手表机芯3 000个，海关审定的关税完税价格为每个0.5万元，关税税率为30%，完税后海关放行；当月生产、销售高档手表4 000块，每块价格为1.25万元（不含税）。高档手表消费税税率为20%。请计算2021年6月该手表生产企业国内销售环节应缴纳的增值税税额和消费税税额。

三、习题参考答案

(一) 单项选择题

1. 【答案】C

【解析】现行消费税税目有15个：烟，酒，高档化妆品，贵重首饰及珠宝玉石，鞭炮、焰火，成品油，摩托车，小汽车，高尔夫球及球具，高档手表，游艇，木制一次性筷子，实木地板，电池，涂料。选项ABD均属于不征收消费税项目。

2. 【答案】D

3. 【答案】A

【解析】卡丁车、高尔夫车和电动汽车均不征收消费税。

4. 【答案】A

【解析】服装不属于消费税应税商品；实木地板、白酒在生产环节、委托加工环节或进口环节征收消费税，零售环节不重复征税。

5. 【答案】D

【解析】选项A：在批发环节缴纳消费税的只有卷烟，不包括雪茄烟；选项B：普通化妆品不属于消费税的征税范围；选项C：电动汽车不属于消费税的征税范围。

6. 【答案】C

【解析】选项A：对饮食业、娱乐业举办的啤酒屋利用啤酒生产设备生产的啤酒，应当征收消费税和增值税；选项B：宝石坯是经采掘、打磨、初级加工的珠宝玉石半成品，因此对宝石坯应按规定征收消费税；选项D：调味料酒不属于消费税的征税范围。

7. 【答案】C

【解析】选项ABD：商场应缴纳增值税，但不需要缴纳消费税。

8. 【答案】B

9. 【答案】A

【解析】选项B：零售金银首饰的纳税人为零售企业；选项C：受托方为个人的，不代收代缴消费税，由委托方自行缴纳消费税；选项D：进口小汽车的进口企业需要缴纳消费税。

10. 【答案】D

11. 【答案】A

【解析】选项A：啤酒进口时从量计征消费税；选项BC：从价计征；选项D：不征收消费税。

12. 【答案】C

【解析】啤酒适用从量定额征收消费税；雪茄烟和游艇适用从价定率征收消费税；从量定额与从价定率相结合征收消费税只适用于卷烟、白酒。

13.【答案】D

【解析】用于连续生产卷烟的烟丝，属于应税消费品用于连续生产应税消费品，移送环节不缴纳消费税。

14.【答案】C

【解析】黄酒适用从量计征的规定，白酒、卷烟适用复合计税的规定。

15.【答案】B

【解析】纳税人兼营不同税率的应税消费品，应分别核算其销售额和销售数量；未分别核算的，从高适用税率。纳税人将应税消费品与非应税消费品及适用不同税率的应税消费品组成成套消费品销售的，应根据成套消费品的销售金额按应税消费品中适用税率最高的消费品税率征收消费税。

16.【答案】B

【解析】纳税人销售金银首饰，计税依据为不含增值税的销售额；带料加工金银首饰，计税依据为受托方同类产品的销售价格，没有同类金银首饰销售价格的，按组成计税价格计算纳税；以旧换新方式销售金银首饰，计税依据为实际收取的不含增值税的全部价款。

17.【答案】B

【解析】委托加工的应税消费品，按照受托方的同类消费品的销售价格计算纳税。

18.【答案】C

【解析】纳税人采用以旧换新（含翻新改制）方式销售金银首饰，应按实际收取的不含增值税的全部价款确定计税依据征收消费税。

19.【答案】C

【解析】选项A：纳税人将自产的应税消费品用于赠送，按同类消费品的平均价格计算应纳消费税税额；选项B：在计税时，不可以扣除外购珠宝玉石的已纳税款；选项D：应当按照门市部对外销售数量或销售额计算征收消费税。

20.【答案】D

【解析】同时符合以下条件的代垫运输费用不属于价外费用，不计入销售额征收消费税：（1）承运部门的运输费用发票开具给购买方的；（2）纳税人将该项发票转交给购买方的。

21.【答案】A

【解析】高档化妆品消费税的征税环节为生产环节、委托加工环节、进口环节。纳税人生产的应税消费品对外销售的，在销售时纳税，此为生产环节。如果是销售企业销售给另一销售企业应税消费品,那么此为零售环节。该化妆品生产企业2021年3月发生的消费税 = 100 × 15% = 15(万元)。商贸企业又零售给消费者50万元的高档化妆品不缴纳消费税,因为此业务属于零售环节的业务。

22.【答案】D

【解析】纳税人将应税消费品与非应税消费品及适用不同税率的应税消费品组成成套消费品销售的,应根据成套消费品的销售金额按应税消费品中适用税率最高的消费品税率征收消费税。该化妆品厂当月应缴纳消费税 = 240 × 15% + 2 × (1 + 5%) ÷ (1 − 15%) × 15% ≈ 36.37(万元)。

23.【答案】C

24.【答案】A

【解析】纳税人采取其他结算方式的,其纳税义务发生时间,为收讫销售款或者取得索取销售款凭据的当天;纳税人采取赊销和分期收款结算方式的,其纳税义务发生时间,为销售合同规定的收款日期的当天。

25.【答案】B

【解析】选项A:纳税人总机构与分支机构不在同一省的,不适用由总机构汇总缴纳消费税的特殊规定,应由总机构和分支机构分别向各自机构所在地的主管税务机关申报纳税;选项C:委托加工的应税消费品,受托方为个人的,由委托方向机构所在地的主管税务机关申报纳税;选项D:进口的应税消费品,由进口人或者其代理人向报关地海关申报纳税。

(二) 多项选择题

1.【答案】CD

2.【答案】ABCD

【解析】选项ABD:纳税人将应税消费品用于生产非应税消费品、在建工程、管理部门、馈赠、赞助、集资、广告、样品、职工福利、奖励等,视同销售,在移送使用时缴纳消费税;选项C:金银首饰、钻石及钻石饰品、铂金首饰在零售环节缴纳消费税。

3.【答案】BC

4.【答案】AD

【解析】选项B:用于连续生产应税消费品,不缴纳消费税及增值税;选项C:移送环节不缴纳增值税。

5.【答案】BCD

【解析】纳税人自产自用的应税消费品,用于连续生产应税消费品的,不纳税,所以选项A移送使用时不需要缴纳消费税。纳税人自产自用应税消费品,不是用于连续生产应税消费品,而是用于其他方面的(如用于生产非应税消费品、在建工程、职工福利、广告等），于移送使用时纳税，所以选项BCD是正确的。

6．【答案】BD

【解析】选项A：移送本厂研究部门做碰撞试验，属于生产检测过程，不征收消费税；选项C：移送改装分厂改装加长型豪华小轿车，属于连续生产应税消费品，自产小汽车在移送环节不征收消费税。

7．【答案】ABC

【解析】委托加工的应税消费品，受托方在交货时已代收代缴消费税，委托方收回后直接销售的，不再缴纳消费税。委托方将收回的应税消费品，以不高于受托方的计税价格出售的，为直接出售，不再缴纳消费税；委托方以高于受托方的计税价格出售的，不属于直接出售，需要按照规定申报缴纳消费税，在计税时准予扣除受托方已代收代缴的消费税。

8．【答案】AD

【解析】选项A：珠宝首饰和珠宝玉石仍在生产环节（或者进口环节、委托加工环节）征收消费税，在零售环节不征收消费税；选项D：在零售环节征收消费税的仅限于金银首饰、铂金首饰、钻石及钻石饰品和超豪华小汽车。

9．【答案】AC

【解析】选项B：委托加工黄酒的纳税人是委托方；选项D：零售金银首饰的纳税人是零售单位和个人。

10．【答案】ABCD

11．【答案】ABC

【解析】选项D：卷烟消费税改为在生产和批发两个环节征收后，批发企业在计算消费税应纳税额时不得扣除已含的生产环节的消费税税款。

12．【答案】BCD

13．【答案】AD

【解析】选项B：以外购已税珠宝玉石为原料生产的金银首饰和钻石首饰，不能扣除已纳的消费税；选项C：外购已税黄酒连续生产的散装药酒，不允许扣除已纳的消费税。

14．【答案】ABC

【解析】选项D：未经国务院批准纳入计划的企业和个人生产的卷烟不分征税类别一律按照56%卷烟税率征税，并按照定额每标准箱150元计算征税。

15．【答案】AD

【解析】选项AD：集资款、白酒品牌使用费属于价外费用，应并入计税依据计算消费税；选项B：增值税销项税额不需要并入消费税的计税依据；选项C：啤酒从量计征消费税，包装物押金不计算消费税。

16. 【答案】AC

【解析】按照最高售价计算消费税必须同时符合两个条件：一是属于应税消费品，二是用于换取生产资料或消费资料、投资入股、抵偿债务等方面，因此选项 AC 符合题意。选项 B：将自产轿车用于办公，按平均售价计算消费税；选项 D：汽车配件不是应税消费品，不缴纳消费税。

17. 【答案】ABD

【解析】选项 A：金银镶嵌首饰应在零售环节纳税，不能抵扣玉石已纳消费税；选项 B：用酒精连续生产白酒不得抵扣已纳消费税；选项 C：属于可以抵扣的情形；选项 D：以委托加工收回的高档化妆品生产高档化妆品可以抵扣已纳消费税，但一般护肤护发产品不属于应税消费品，因此不可以抵扣已纳消费税。

18. 【答案】ABCD

19. 【答案】CD

【解析】选项 A：受托方未代扣代缴的，由委托方补缴；选项 B：受托方无同类消费品销售价格的，应按"（材料成本＋加工费）÷（1－比例税率）"计算。

20. 【答案】ABC

【解析】委托加工应税消费品，受托方为个人的，由委托方向其机构所在地或者居住地主管税务机关申报纳税；受托方为企业等单位的，由受托方向机构所在地或者居住地主管税务机关申报纳税。

（三）判断题

1. 【答案】√

2. 【答案】×

3. 【答案】×

4. 【答案】×

5. 【答案】×

【解析】纳税人领用外购已税酒用于生产白酒，其外购酒已缴纳的消费税税款，不得从应纳消费税税额中扣除。

6. 【答案】×

【解析】卷烟在批发环节加征一道消费税；金银铂钻和超豪华小汽车在零售环节征收消费税。

7. 【答案】×

【解析】采取比例税率和定额税率双重征收的税目只有卷烟和白酒；啤酒适用从量定额征收消费税。

8. 【答案】×

【解析】纳税人通过自设非独立核算门市部销售自产应税消费品,应当按照门市部对外销售额或销售数量计算征收消费税。

9. 【答案】√

【解析】外购已税珠宝玉石生产的贵重首饰及珠宝玉石,已纳消费税准予扣除。

10. 【答案】√

(四) 计算题

1. 【答案】

该黄酒厂4月应缴纳的消费税税额 = $100 \times 240 + 38\,480 \div 962 \times 240 + 10 \times 240 + 4 \times 240 - 5 \times 240 = 35\,760$(元)

2. 【答案】

该白酒生产企业3月应缴纳的消费税税额 = $60 \times 2\,000 \times 0.000\,05 + 400 \times 20\% = 86$(万元)

3. 【答案】

委托加工的应税消费品,应按照受托方的同类消费品的销售价格计算缴纳消费税;没有同类消费品销售价格的,按照组成计税价格计算纳税。

(1) 组成计税价格 = $(20 + 10 + 2 + 50 \times 2\,000 \times 0.5 \div 10\,000) \div (1 - 20\%) = 46.25$(万元)

(2) 乙酒厂应代收代缴的消费税 = $46.25 \times 20\% + 50 \times 2\,000 \times 0.5 \div 10\,000 = 14.25$(万元)

4. 【答案】

(1) 受托方代收代缴的消费税税额 = $(8 + 1) \div (1 - 30\%) \times 30\% \approx 3.86$(万元)

(2) 每标准条价格 = $600\,000 \div 40 \div 250 = 60$(元),因此该卷烟为乙类卷烟

(3) 甲卷烟厂应缴纳的消费税税额 = $60 \times 36\% + (40 \times 150) \div 10\,000 - 3.86 \times 50\% = 20.27$(万元)

5. 【答案】

(1) 7月甲企业向烟酒专卖店销售白酒应缴纳的消费税税额 = $(200 + 50 + 20) \div (1 + 13\%) \times 20\% + 20 \times 2\,000 \times 0.5 \div 10\,000 \approx 49.79$(万元)

(2) 乙企业已代收代缴的消费税 = $(10 + 1) \div (1 - 10\%) \times 10\% \approx 1.22$(万元)

(3) 7月甲企业销售瓶装药酒应缴纳的消费税税额 = $100 \times 1\,800 \times 10\% \div 10\,000 = 1.8$(万元)

(4) 7月甲企业分给职工的散装药酒不缴纳消费税

6. 【答案】

(1) 应纳关税 = $30\,000 \times 30\% = 9\,000$(万元)

(2) 组成计税价格 = $(30\,000 + 9\,000 + 2\,500 \times 1\,000 \times 2 \times 0.5 \div 10\,000) \div (1 - 20\%) =$

49 062.5(万元)

(3)应缴纳的消费税税额 = 49 062.5 × 20% + 2 500 × 1 000 × 2 × 0.5 ÷ 10 000 = 10 062.5(万元)

7.【答案】

(1)3月应税销售额 = 90 + 22.6 ÷ (1 + 13%) = 110(万元)

(2)该化妆品生产企业3月应缴纳的消费税税额 = 110 × 15% = 16.5(万元)

8.【答案】

(1)组成计税价格 = 15 × (1 + 5%) ÷ (1 - 15%) ≈ 18.53(万元)

(2)应缴纳的消费税税额 = 18.53 × 15% ≈ 2.78(万元)

9.【答案】

(1)该企业应代收代缴的消费税 = (100 + 20 + 5) ÷ (1 - 15%) × 15% ≈ 22.06(万元)

(2)该企业3月份应缴纳的消费税税额 = 576.3 ÷ (1 + 13%) × 15% = 76.5(万元)

10.【答案】

(1)兴业公司应代收代缴的消费税 = 450 × 20 × 10% = 900(元)

(2)准予抵扣的高尔夫球杆的杆头、杆身和握把的已纳消费税 = (17 200 + 23 600 + 1 040) × 90% × 10% = 3 765.6(元)

(3)宏大公司应自行向税务机关缴纳的消费税税额 = 10 000 ÷ 2 × (2 + 5) × 10% + 22 148 ÷ (1 + 13%) × 10% - 3 765.6 = 1 694.4(元)

11.【答案】

(1)进口环节的关税、增值税和消费税:

① 应缴纳的进口关税 = 50 × 10% = 5(万元)

② 应缴纳的进口增值税 = 50 × (1 + 10%) ÷ (1 - 15%) × 13% ≈ 8.41(万元)

③ 应缴纳的进口消费税 = 50 × (1 + 10%) ÷ (1 - 15%) × 15% ≈ 9.71(万元)

(2)加工出售后的增值税和消费税:

① 应缴纳的增值税 = 180 × 13% - 8.41 = 14.99(万元)

② 应缴纳的消费税 = 180 × 15% - 9.71 × 1/3 ≈ 23.76(万元)

12.【答案】

(1)该手表生产企业进口环节应缴纳的增值税税额 = 3 000 × 0.5 × (1 + 30%) × 13% = 253.5(万元)

(2)该手表生产企业国内销售环节应缴纳的增值税税额 = 4 000 × 1.25 × 13% - 253.5 = 396.5(万元)

(3)该手表生产企业国内销售环节应缴纳的消费税税额 = 4 000 × 1.25 × 20% = 1 000(万元)

第四章 关税法

▶▶ 一、主要内容

本章主要阐述关税法的基本政策和制度。关税是依法对进出境货物、物品征收的一种税。

关税的征税对象是准许进出境的货物和物品。货物是指贸易性商品；物品是指入境旅客随身携带的行李物品、个人邮递物品、各种运输工具上的服务人员携带进口的自用物品、馈赠物品及其他方式进境的个人物品。进口货物的收货人、出口货物的发货人、进出境物品的所有人，是关税的纳税义务人。

进出口税则是一国政府根据国家关税政策和经济政策，通过一定的立法程序制定公布实施的进出口货物和物品应税的关税税率表。税率表作为税则主体，包括税则商品分类目录和税率栏两大部分。我国进口税则设有最惠国税率、协定税率、特惠税率、普通税率、关税配额税率等税率。关税按征收标准可以分成从价税、从量税、选择税、复合税和滑准税。我国出口税则为一栏税率，即出口税率。

进出口货物的完税价格，由海关以该货物的成交价格为基础审查确定。跨境电子商务零售进口商品按照货物征收关税和进口环节增值税、消费税，购买跨境电子商务零售进口商品的个人作为纳税义务人，实际交易价格（包括货物零售价格、运费和保险费）作为完税价格，电子商务企业、电子商务交易平台企业或物流企业可作为代收代缴义务人。关税减免是对某些纳税人和征税对象给予鼓励与照顾的一种特殊调节手段。

二、习题

（一）单项选择题

1. 下列关于关税特点的说法，不正确的是（　　）。
   A. 征收的对象是进出境的货物和物品
   B. 关税是单一环节的价外税
   C. 关税具有较强的涉外性
   D. 关税税则的制定、税率的高低，不影响国际贸易的开展

2. 下列关于关税的概念和特点的解释，正确的是（　　）。
   A. 当一个国家在境内设立自由贸易区或自由港时，关境大于国境
   B. 在境内和境外流通的货物不进出关境的，需要征收关税
   C. 关税是多环节的价内税
   D. 关税只对进出关境的货物和物品征收

3. 当一个国家与其他几个国家组成关税同盟时，关境的范围（　　）国境的范围。
   A. 等于　　　　　　　　　　B. 大于
   C. 小于　　　　　　　　　　D. 完全不同于

4. 下列关于关税纳税义务人的说法，错误的是（　　）。
   A. 对于携带进境的物品，推定其携带人为所有人
   B. 对于分离运输的行李，推定相应的进出境旅客为所有人
   C. 对于以邮递方式进境的物品，推定其收件人为所有人
   D. 对于以邮递或其他运输方式出境的物品，推定其收件人为所有人

5. 下列关于关税税率的表述，不正确的是（　　）。
   A. 进出口货物，应当适用海关接受该货物申报进口或者出口之日实施的税率
   B. 进口货物到达前，经海关核准先行申报的，应当适用装载该货物的运输工具申报进境之日实施的税率
   C. 因纳税义务人违反规定需要追征税款的进出口货物，应当适用海关发现该行为之日实施的税率
   D. 可以暂不缴纳税款的暂时进出境货物，经批准不复运出境或者进境的，应当适用海关接受纳税义务人再次填写报关单申报办理纳税及有关手续之日实施的税率

6. 在税则中预先按产品的价格高低分档制定若干不同的税率，然后根据进出口商品价格的变动而增减进出口税率的关税属于（　　）。

A. 从价税 B. 复合税
C. 选择税 D. 滑准税

7. 某公司3月1日进口了一批货物,并按照相关规定缴纳了相关税费。6个月后,该公司发现这批货物需要补缴关税,则该公司应按( )的税率缴纳关税。

A. 3月1日 B. 4月15日
C. 9月1日 D. 10月15日

8. 依据关税的有关规定,下列费用不计入进口货物关税完税价格的是( )。

A. 由买方负担的购货佣金 B. 货价
C. 境外运费 D. 由买方负担的包装费

9. 海关以进口货物、相同或者类似进口货物在境内的销售价格为基础,扣除境内发生的有关费用后,审查确定进口货物完税价格的估价方法指的是( )。

A. 倒扣价格估价方法 B. 计算价格估价方法
C. 相同货物的成交价格估价方法 D. 类似货物的成交价格估价方法

10. 进口货物的成交价格不符合规定或者成交价格不能确定的,海关经了解有关情况,并与纳税人进行价格磋商后,可以按顺序采用一定方法审查确定该货物的完税价格。下列不属于海关可以采用的方法的是( )。

A. 相同货物成交价格估价方法 B. 类似货物成交价格估价方法
C. 倒扣价格估价方法 D. 最大销售总量估价方法

11. 根据《中华人民共和国海关法》的规定,进口货物以海关审定的成交价格作为基础的( )为完税价格。

A. 到岸价格 B. 离岸价格
C. 公允价格 D. 相同货物成交价格

12. 出口货物以海关审定的成交价格为基础的售予境外的离岸价格,扣除出口关税后作为完税价格,其计算公式为( )。

A. 关税完税价格 = 离岸价格 ÷ (1 + 出口关税税率)
B. 关税完税价格 = 离岸价格 ÷ (1 − 出口关税税率)
C. 关税完税价格 = 离岸价格 × (1 + 出口关税税率)
D. 关税完税价格 = 离岸价格 × (1 − 出口关税税率)

13. 在相同货物成交价格估价方法中,判定相同货物的时间是在海关接受申报进口之日的前后各( )内。

A. 15日 B. 30日
C. 45日 D. 60日

14. 跨境电子商务零售进口商品的单次交易限值为人民币( )元,个人年度交易限值为人民币( )元。

  A. 5 000；20 000   B. 5 000；26 000
  C. 2 000；20 000   D. 2 000；26 000

15. 关税纳税义务人自海关填发税款缴款书之日起( )日内，向原征税海关的上一级海关书面申请复议。

  A. 15   B. 30
  C. 60   D. 90

(二) 多项选择题

1. 下列各项，属于关税征税对象的有( )。

  A. 贸易性商品

  B. 个人邮递物品

  C. 馈赠物品或以其他方式进入国境的个人物品

  D. 入境旅客随身携带的行李物品

2. 我国特别关税的种类包括( )。

  A. 报复性关税   B. 反补贴税
  C. 反倾销税   D. 保障性关税

3. 下列各项，属于关税纳税义务人的有( )。

  A. 进口货物的收货人

  B. 出口货物的发货人

  C. 进出境物品的所有人

  D. 以邮递方式出境的物品的寄件人或托运人

4. 下列各项，属于关税纳税人的有( )。

  A. 工贸或农贸结合的进出口公司

  B. 外贸进出口公司

  C. 馈赠物品及其他方式入境个人物品的所有人

  D. 个人邮递物品的收件人

5. 我国进口关税计征方法包括从价税、从量税、复合税和滑准税。下列说法正确的是( )。

  A. 我国对进口货物主要实行从量税

  B. 我国对胶卷实行从量税

  C. 我国对摄像机实行复合税

  D. 我国对关税配额外进口一定数量的棉花实行滑准税

6. 下列税费，应计入进口货物关税完税价格的有( )。

A. 进口环节缴纳的增值税

B. 单独支付的境内技术培训费

C. 由买方负担的境外包装材料费用

D. 由买方负担的与该货物视为一体的容器费用

7. 根据关税的有关规定，下列税费不计入出口货物完税价格的有（   ）。

A. 出口关税

B. 在货物价款中单独列明的货物运至我国境内输出地点装载后的运费及相关费用

C. 在货物价款中单独列明的货物运至我国境内输出地点装载后的保险费

D. 出口企业收取的货物的价款

8. 在我国关税的法律法规中，目前原产地规定采用（   ）。

A. 全部产地生产标准　　　　　　B. 主要产地生产标准

C. 实质性加工标准　　　　　　　D. 参与性加工标准

9. 一般进口货物的完税价格包含（   ）。

A. 货物的货价

B. 货物运抵我国境内输入地点起卸前的运输及其相关费用、保险费

C. 货物运抵我国境内输入地点起卸后的运输及其相关费用、保险费

D. 由买方负担的包装材料和包装劳务费用

10. 依据关税法的有关规定，下列进口货物可享受法定免税的有（   ）。

A. 科教用品　　　　　　　　　　B. 外国政府无偿赠送的物资

C. 残疾人专用品　　　　　　　　D. 无商业价值的货样

（三）判断题

1. 关税是海关依法对进出关境的货物和物品征收的一种流转税。（   ）

2. 当国境内设有自由贸易区时，关境就大于国境。（   ）

3. 按照全国统一的关税税则征收一次关税后，货物就可以在整个关境内流通，不再征收关税。（   ）

4. 关税是海关依法对进出境货物、物品征收的一种税。这里的"境"是指国境。（   ）

5. 对于以邮递方式进境的物品，推定其发件人为所有人。（   ）

6. 我国对少数进口商品计征关税时所采用的滑准税实质上是一种特殊的从价税。（   ）

7. 对一种进口商品同时定有从价税和从量税两种税率，但征收时选择其中税额较高的一种征税指的是选择税。（   ）

8. 进口货物适用的关税税率是以进口货物的原产地为标准的。（   ）

9. 进出口货物的补税和退税，适用该进出口货物原申报进口或者出口之日所实施的税率。（　　）

10. 出口货物的完税价格，由海关以该货物向境外销售的成交价格为基础审查确定，包括货物运至我国境内输出地点装卸前的运输费、保险费，但不包括出口关税。（　　）

11. 复合关税是指对一种进口货物同时使用从价、从量两种形式，分别计算出税额，以两个税额之和作为该货物的应征税额的一种关税征收标准。（　　）

12. 进口货物以海关审定的成交价格作为基础的到岸价格为完税价格，到岸价格就是货价。（　　）

13. 关税税额在人民币 100 元以下的一票货物，可免征关税。（　　）

14. 外国政府、国际组织无偿赠送的物资，可免征关税。（　　）

15. 已征出口关税的货物，因故未装运出口，申报退关，经海关查明属实的，纳税人可以自缴纳税款之日起 1 年内申请退还税款。（　　）

（四）计算题

1. A 公司为增值税一般纳税人，10 月经批准从境外进口小汽车 20 辆，成交价格折合人民币（下同）总计 200 万元（其中包括向境外采购代理人支付的买方佣金 20 万元），在成交价格之外另支付给卖方代理人佣金 25 万元。此外，该批小汽车运抵我国关境内输入地点起卸前发生运输费用 35 万元、保险费用 10 万元。A 公司向海关缴纳了相关税款，并取得海关进口增值税专用缴款书。请计算该批小汽车的关税完税价格。

2. 甲外贸公司进口一批货物，货价为 400 万元，货物运抵我国关境内输入地点起卸前的运输费和保险费分别为 10 万元和 14 万元。已知关税税率为 10%。请计算该公司应缴纳的进口关税税额。

3. 某公司进口一批货物，海关于 2021 年 9 月 1 日填发税款缴款书，但该公司迟至 9 月 27 日才缴纳 400 万元的关税。请计算海关应征收的关税滞纳金。

4. 某进出口公司进口一批货物，以采购地离岸价格成交，成交总价为 1 500 万元人民币，运抵我国输入地点前的运费、保险费、手续费等共计 80 万元人民币，适用的关税税率为 10%。经海关审定，其成交价格正常。请计算进口关税的应纳税额。

5. 某企业 2021 年 10 月进口一台设备，设备的成交价格折合人民币 58 万元，支付购货佣金 2 万元，支付设备进口后发生的装配费用 1 万元，该货物运抵我国境内输入地点起卸前发生运费 5 万元，保险费无法确定。已知该设备的关税税率为 20%。请计算该企业进口设备应缴纳的关税税额。

6. 某进出口公司进口货物一批，成交价格折合人民币 1 000 万元（包括单独计价并经海关审查属实的货物进口后装配调试费用 100 万元，向境外采购代理人支付的佣金 20 万元和向卖方支付的佣金 15 万元）。另支付运费 50 万元，保险费 30 万元，该公司在未批准缓税的情况下，于海关填发税款缴款书之日起 25 天才缴纳税款，关税税率为 30%。请计算该进出口公司应缴纳的关税税额和关税滞纳金。

7. 某企业从日本进口一批电子零件，成交价格为人民币 500 万元，而日本出口方出售该批货物的国际市场价格为人民币 650 万元。另外，该企业承担了该批零件的包装材料费人民币 40 万元，同时，该企业支付给出口方零件进口后的技术服务费用为人民币 120 万元。已知电子零件的进口关税税率为 10%。请计算该企业进口电子零件应缴纳的关税税额。

8. 某进出口企业2021年10月自营出口商品一批，我国口岸FOB价格折合人民币720 000元，出口关税税率为20%，根据海关开出的税款缴款凭证，以银行转账支票付讫税款。请计算该企业应缴纳的关税税额。

9. 2021年10月，富华公司从国外进口一批产品，这批产品的成交价格不符合《中华人民共和国海关审定进出口货物完税价格办法》的相关规定。经海关同意，富华公司进口这批产品采用倒扣价格估价方法确定完税价格。经海关审核，这批产品在国内的售价为600万元，销售这批产品的利润为230万元，为销售这批产品支付的佣金为50万元，这批产品运抵境内输入地点起卸后的运费、保险费等共计90万元。这批产品的关税税率为20%。请计算富华公司进口这批产品应缴纳的关税税额。

10. 2021年10月，进出口企业风华公司（一般计税方法纳税人）发生如下业务：

（1）10月8日，进口15台设备，设备以离岸价格成交，每台折合人民币20万元（不包括向境外支付的软件费50万元）。进口这批设备运抵境内输入地点起卸前的运输费、保险费总额为20万元，运抵境内输入地点起卸后的运输费、保险费为5万元。进口关税税率为12%。

（2）10月15日，通过空运进口5台精密仪器，这批精密仪器的离岸价格为100万元，进口这批精密仪器运抵境内输入地点起卸前的运输费总额为30万元，保险费无法确定。进口关税税率为5%。

要求：请计算风华公司10月应缴纳的关税税额。

三、习题参考答案

（一）单项选择题

1. 【答案】D

【解析】选项 D：关税具有较强的涉外性，正是"涉外性"才使关税对进出口贸易产生巨大的影响。

2. 【答案】D

【解析】选项 A：当一个国家在境内设立自由贸易区或自由港时，国境大于关境；选项 B：在境内和境外流通的货物不进出关境的，不征收关税；选项 C：关税是单一环节的价外税。

3. 【答案】B

【解析】当存在关税同盟时，几个国家组成一个共同的关境，实施统一的关税法令和海关进出口税则，成员国之间的物品和货物在进出国境时免征关税，而只对来自及运往非成员国的物品和货物在进出同盟国的共同关境时征收关税。此时，这些国家的关境大于国境。

4. 【答案】D

【解析】对于以邮递或其他运输方式出境的物品，推定其寄件人或托运人为所有人。

5. 【答案】C

【解析】选项 C：因纳税义务人违反规定需要追征税款的进出口货物，应当适用违反规定的行为发生之日实施的税率；行为发生之日不能确定的，适用海关发现该行为之日实施的税率。

6. 【答案】D

【解析】在税则中预先按产品的价格高低分档制定若干不同的税率，然后根据进出口商品价格的变动而增减进出口税率的关税属于滑准税。

7. 【答案】A

【解析】进出口货物的补税和退税，适用该进出口货物原申报进口或者出口之日所实施的税率。

8. 【答案】A

【解析】由买方负担的购货佣金不计入进口货物关税完税价格。

9. 【答案】A

10. 【答案】D

【解析】海关进行估价时，应尽可能使用实际成交价格，若实际成交价格难以确定，海关经了解有关情况，并与纳税义务人进行价格磋商后，依次以下列价格估定该货物的完税价格：相同货物成交价格估价方法、类似货物成交价格估价方法、倒扣价格估价方法、计算价格估价方法及合理估价方法。

11.【答案】A

【解析】根据《中华人民共和国海关法》的规定，进口货物以海关审定的成交价格作为基础的到岸价格（CIF）为完税价格。

12.【答案】A

13.【答案】C

【解析】相同货物成交价格估价方法是指海关以与进口货物同时或者大约同时（在海关接受申报进口之日的前后各45日内）向我国境内销售的相同货物的成交价格为基础，审查确定进口货物的完税价格的估价方法。

14.【答案】B

15.【答案】C

（二）多项选择题

1.【答案】ABCD

【解析】关税的征税对象是准许进出境的货物和物品。货物是指贸易性商品；物品是指入境旅客随身携带的行李物品、个人邮递物品、各种运输工具上的服务人员携带进口的自用物品、馈赠物品及其他方式进境的个人物品。

2.【答案】ABCD

3.【答案】ABCD

【解析】关税的纳税义务人是指进口货物的收货人、出口货物的发货人及进出境物品的所有人。进出境物品的所有人包括该物品的所有人和推定为所有人的人。一般情况下，对于携带进境的物品，推定其携带人为所有人；对于分离运输的行李，推定相应的进出境旅客为所有人；对于以邮递方式进境的物品，推定其收件人为所有人；对于以邮递或其他运输方式出境的物品，推定其寄件人或托运人为所有人。

4.【答案】ABCD

5.【答案】BCD

【解析】选项A：我国对进口货物主要实行从价税。

6.【答案】CD

【解析】进口货物的完税价格包括货物的货价、货物运抵我国境内输入地点起卸前的运输及其相关费用、保险费，不包括：（1）向自己的采购代理人支付的购货佣金和劳务费用；（2）货物进口后发生的安装、运输等费用；（3）进口关税和进口环节海关代征的国内税；(4) 为在境内复制进口货物而支付的复制权费用；(5) 境内外技术培训及境外考察费用；(6) 买方为购买进口货物而融资所产生的符合条件的利息费用。

7. 【答案】ABC

【解析】出口货物的完税价格由海关以该货物的成交价格为基础审查确定，并应当包括货物运至我国境内输出地点装卸前的运输及其相关费用、保险费。

8. 【答案】AC

9. 【答案】ABD

【解析】根据《中华人民共和国海关法》的规定，进口货物以海关审定的成交价格作为基础的到岸价格（CIF）为完税价格。到岸价格包括货物的货价、货物运抵我国境内输入地点起卸前的运输及其相关费用、保险费。如果以下费用或价值尚未包括在进口货物的实付或应付价格中，诸如由买方负担的包装材料和包装劳务费用，则应计入完税价格。

10. 【答案】BD

【解析】选项 BD：享受法定免税；选项 AC：享受特定减免税。

(三) 判断题

1. 【答案】√

【解析】关税的征税范围是进出关境的货物和物品，关税只对有形货品征收，对无形货品不征收关税。

2. 【答案】×

【解析】一般情况下，一国的关境和国境是一致的。但当一个国家在境内设立自由贸易区或自由港时，国境大于关境。

3. 【答案】√

【解析】关税为单一环节的价外税，按照全国统一的关税税则征收一次关税后，货物就可以在整个关境内流通，不再征收关税。

4. 【答案】×

【解析】关税是海关依法对进出境货物、物品征收的一种税。这里的"境"是指关境，是国家海关法可以全面实施的领域。

5. 【答案】×

【解析】关税的纳税义务人是指进口货物的收货人、出口货物的发货人及进出境物品的所有人。对于以邮递方式进境的物品，推定其收件人为所有人。

6. 【答案】√

【解析】滑动税又称滑准税，是在税则中预先按产品的价格高低制定若干不同的税率，然后根据进出口商品价格的变动而增减进出口税率的一种关税。

7. 【答案】√

8. 【答案】√

9. 【答案】√

10. 【答案】√

11. 【答案】√

12. 【答案】×

【解析】进口货物的完税价格由海关以该货物的成交价格为基础审查确定，并应包括该货物运抵我国境内输入地点起卸前的运输及其相关费用、保险费。

13. 【答案】×

【解析】关税税额在人民币50元以下的一票货物，可免征关税。

14. 【答案】√

【解析】外国政府、国际组织无偿赠送的物资，可免征关税，属于法定减免税的一种。

15. 【答案】√

（四）计算题

1. 【答案】

该批小汽车的关税完税价格 = 200 - 20 + 25 + 35 + 10 = 250（万元）

2. 【答案】

（1）关税完税价格 = 400 + 10 + 14 = 424（万元）

（2）该公司应缴纳的进口关税税额 = 424 × 10% = 42.4（万元）

3. 【答案】

滞纳12天，海关应征收的关税滞纳金 = 400 × 12 × 0.5‰ = 2.4（万元）

4. 【答案】

进口关税的应纳税额 = (1 500 + 80) × 10% = 158（万元）

5. 【答案】

该企业进口设备应缴纳的关税税额 = (58 + 5) × (1 + 3‰) × 20% ≈ 12.64（万元）

6. 【答案】

（1）应缴纳的关税税额 = (1 000 - 100 - 20 + 50 + 30) × 30% = 288（万元）

（2）应缴纳的关税滞纳金 = 288 × 0.5‰ × (25 - 15) = 1.44（万元）

7. 【答案】

（1）成交价格不合理，应采用650万元的市场价格

（2）由买方负担的40万元包装材料费，应该计入完税价格

（3）进口后的技术服务费120万元属于进口后费用，不计入完税价格

(4)应缴纳的关税税额 = (650 + 40) × 10% = 69(万元)

8.【答案】

该企业应缴纳的关税税额 = 720 000 ÷ (1 + 20%) × 20% = 120 000(元)

9.【答案】

(1)这批产品采用倒扣价格估价方法估计完税价格,其完税价格 = 境内销售价格 - 境内销售利润和一般费用 - 支付的佣金 - 运抵境内输入地点起卸后的运费、保险费、装卸费及其他相关费用。因此,其完税价格 = 600 - 230 - 50 - 90 = 230(万元)

(2)富华公司应缴纳的关税税额 = 230 × 20% = 46(万元)

10.【答案】

(1)进口设备应缴纳的关税税额:

关税完税价格 = 20 × 15 + 50 + 20 = 370(万元)

应缴纳的关税税额 = 370 × 12% = 44.4(万元)

(2)进口精密仪器应缴纳的关税税额:

保险费 = (100 + 30) × 3‰ = 0.39(万元)

关税完税价格 = 100 + 30 + 0.39 = 130.39(万元)

应缴纳的关税税额 = 130.39 × 5% ≈ 6.52(万元)

(3)风华公司10月应缴纳的关税税额 = 44.4 + 6.52 = 50.92(万元)

第五章 企业所得税法

▶▶ 一、主要内容

本章主要阐述企业所得税法的基本政策和制度。企业所得税是对我国境内的企业和其他取得收入的组织的生产经营所得和其他所得征收的一种税。

企业所得税的纳税义务人是指在中华人民共和国境内的企业和其他取得收入的组织。企业所得税的纳税人分为居民企业和非居民企业。企业所得税的征税对象是指企业的生产经营所得、其他所得和清算所得。居民企业应当就其来源于中国境内、境外的所得缴纳企业所得税。非居民企业在中国境内设立机构、场所的，应当就其所设机构、场所取得的来源于中国境内的所得，以及发生在中国境外但与其所设机构、场所有实际联系的所得，缴纳企业所得税。非居民企业在中国境内未设立机构、场所的，或者虽设立机构、场所但取得的所得与其所设机构、场所没有实际联系的，应当就其来源于中国境内的所得缴纳企业所得税。

企业所得税实行比例税率，计税依据为应纳税所得额。按照企业所得税法的规定，应纳税所得额为企业每一个纳税年度的收入总额，减除不征税收入、免税收入、各项扣除及允许弥补的以前年度亏损后的余额。居民企业应纳所得税额等于应纳税所得额乘以适用税率。税法规定的企业所得税的税收优惠方式包括免税、减税、加计扣除、加速折旧、减计收入、税额抵免等。

除税收法律、行政法规另有规定外，居民企业以企业登记注册地为纳税地点；但登记注册地在境外的，以实际管理机构所在地为纳税地点。非居民企业在中国境内设立机构、场所的，应当就其所设机构、场所取得的来源于中国境内的所得，以及发生在中国境外但与其所设机构、场所有实际联系的所得，以机构、场所所在地为纳税地点。企业所得税按年计征，分月或者分季预缴，年终汇算清缴，多退少补。

二、习题

（一）单项选择题

1. 下列关于所得来源地的说法，符合企业所得税相关规定的是（　　）。

   A. 租金所得按照收取租金的企业所在地确定

   B. 利息所得按照分配所得的企业所在地确定

   C. 权益性投资资产转让所得按照投资企业所在地确定

   D. 特许权使用费所得按照收取特许权使用费的企业所在地确定

2. A 企业是我国非居民企业，在我国境内设立了机构、场所。A 企业取得的下列所得，不需要在我国缴纳企业所得税的是（　　）。

   A. A 企业在日本取得的与在我国境内所设机构、场所有实际联系的所得

   B. A 企业在美国取得的与在我国境内所设机构、场所没有实际联系的所得

   C. A 企业在我国境内取得的与在我国境内所设机构、场所没有实际联系的所得

   D. A 企业在我国境内取得的与在我国境内所设机构、场所有实际联系的所得

3. 根据企业所得税的相关规定，下列各项属于居民企业的是（　　）。

   A. 依照中国法律在中国境内成立的合伙企业

   B. 依照中国法律在中国境内成立的有限责任公司

   C. 依照外国法律成立且实际管理机构在中国境外的企业

   D. 依照中国法律在中国境内成立的个人独资企业

4. 根据企业所得税的有关规定，下列各项属于非居民企业的是（　　）。

   A. 在黑龙江省市场监督管理局登记注册的企业

   B. 在美国注册但实际管理机构在哈尔滨的外商投资企业

   C. 在美国注册的企业设在苏州的办事处

   D. 在黑龙江省注册但在中东开展工程承包业务的企业

5. 下列关于企业所得税纳税人的表述，正确的是（　　）。

   A. 依照外国法律成立且实际管理机构不在中国境内的企业均属于非居民企业

   B. 依照外国法律成立但实际管理机构在中国境内的企业均属于居民企业

   C. 依照外国法律成立但在中国境内设立机构、场所的企业均属于非居民企业

   D. 依法在中国境内成立但实际管理机构在中国境外的企业均属于非居民企业

6. 下列收入，属于企业所得税不征税收入的是（　　）。

   A. 财政拨款

   B. 因债权人缘故确实无法偿付的应付款项

C. 接受捐赠收入

D. 国债利息收入

7. 《中华人民共和国企业所得税法》规定我国现行居民企业所得税的基本税率为( )。

A. 20% B. 25%

C. 30% D. 33%

8. 非居民企业在中国境内未设立机构、场所的，或者虽设立机构、场所但取得的所得与其所设机构、场所没有实际联系的，应当就其来源于中国境内的所得缴纳企业所得税，法定税率为20%，目前减按( )征收。

A. 3% B. 5%

C. 10% D. 15%

9. 根据企业所得税法的有关规定，企业在计算应纳税所得额时，下列项目准予从收入总额中扣除的是( )。

A. 自创商誉

B. 与经营活动无关的无形资产

C. 企业对外投资期间的投资资产成本

D. 企业使用或者销售存货，按照规定计算的存货成本

10. 税法规定，以经营租赁方式租入固定资产发生的租赁费支出，可以按( )的方法在企业所得税税前扣除。

A. 据实扣除 B. 在5年内折旧

C. 在2年内折旧 D. 在租赁期内平均摊销

11. 某企业2020年实际发生合理的工资薪金支出1 100万元，"三费"支出合计230万元，分别为职工福利费160万元、职工教育经费40万元、工会经费30万元。2020年该企业计算企业所得税应纳税所得额时准予扣除的"三费"为( )万元。

A. 200 B. 205

C. 216 D. 270

12. 在计算企业所得税应纳税所得额时，企业缴纳的下列税种不准扣除的是( )。

A. 增值税 B. 消费税

C. 印花税 D. 城市维护建设税

13. 企业支付的下列保险费，不得在企业所得税税前扣除的是( )。

A. 企业为投资者购买的商业保险

B. 企业按规定为职工购买的工伤保险

C. 企业为特殊工种职工购买的法定人身安全保险

D. 企业为本单位车辆购买的交通事故责任强制保险

14. 在计算企业所得税应纳税所得额时，下列项目不允许从收入总额中扣除的是( )。

    A. 差旅费

    B. 未经核定的准备金支出

    C. 转让资产时该项资产的净值

    D. 逾期归还银行贷款，银行按规定加收的罚息

15. 下列各项，在计算企业所得税应纳税所得额时准予扣除的是( )。

    A. 公益性捐赠以外的直接捐赠支出   B. 违反合同的违约金

    C. 向投资者支付的股息   D. 违法经营的行政罚款

16. 《中华人民共和国企业所得税法》所称企业以非货币形式取得的收入，应当按照( )确定收入额。

    A. 公允价值   B. 历史价值

    C. 重置价值   D. 原始价值

17. 在计算应纳税所得额时，下列支出不得扣除的是 ( )。

    A. 缴纳的消费税   B. 合理分配的材料成本

    C. 企业所得税税款   D. 销售固定资产的损失

18. 当发生的修理支出达到固定资产原计税基础的( )时，应视为固定资产大修理支出。

    A. 25%   B. 50%

    C. 30%   D. 15%

19. 下列无形资产不得计算摊销费用在企业所得税税前扣除的是( )。

    A. 外购的无形资产   B. 自创商誉

    C. 自行研发符合资本化的无形资产   D. 受赠获取的无形资产

20. 下列关于固定资产计税基础的确定方法的表述，不正确的是( )。

    A. 盘盈的固定资产，以同类固定资产的重置完全价值为计税基础

    B. 融资租入的固定资产，以租赁合同约定的付款总额和承租人在签订租赁合同过程中发生的相关费用为计税基础

    C. 外购的固定资产，以购买价款和支付的相关税费及直接归属于使该资产达到预定用途发生的其他支出为计税基础

    D. 自行建造的固定资产，以达到预定可使用状态前发生的支出为计税基础

21. 2020 年某居民企业主营业务收入 5 000 万元，投资收益 80 万元，与收入配比

的成本为 4 100 万元，全年发生税金及附加、管理费用和财务费用共计 700 万元，营业外支出 60 万元（含公益性捐赠支出 50 万元），2019 年度经核定结转的亏损额 30 万元。当年无其他纳税调整事项，则 2020 年度该企业应缴纳企业所得税(　　)万元。

　　A．47.5　　　　　　　　　　　　B．53.4
　　C．53.6　　　　　　　　　　　　D．54.3

22．企业有来源于境外的所得，已在境外实际缴纳了所得税，在汇总纳税并按规定计算扣除限额时，如果在境外实际缴纳的税款超过扣除限额，对超过部分的处理方法是(　　)。

A．列为当年费用支出

B．从本年的应纳所得税额中扣除

C．用以后年度税额扣除的余额补扣，补扣期限最长不得超过 5 年

D．从以后年度境外所得中扣除

23．下列关于企业所得税优惠政策的说法，正确的是(　　)。

A．企业综合利用资源，生产符合国家产业政策规定的产品所取得的收入，可以在计算应纳税所得额时减按 90% 计入收入总额

B．创投企业从事国家需要扶持和鼓励的创业投资，可以按投资额的 100% 在当年及以后年度的应纳税额中抵免

C．企业购置用于环境保护、节能节水、安全生产等专用设备的投资额，可以按设备投资额的 15% 抵免当年及以后年度的应纳税所得额

D．企业安置残疾人员所支付的工资，按照支付给残疾职工工资的 80% 加计扣除

24．企业从事国家重点扶持的公共基础设施项目的投资经营所得，从(　　)起，第一年至第三年免征企业所得税，第四年至第六年减半征收企业所得税。

A．获利年度

B．盈利年度

C．项目取得第一笔生产经营收入所属纳税年度

D．领取营业执照年度

25．下列选项，属于减半征收企业所得税的是(　　)。

A．海水养殖

B．远洋捕捞

C．牲畜、家禽的饲养

D．企业综合利用资源，生产符合规定的产品所取得的收入

26．下列项目，属于免税收入的是(　　)。

A．国债利息收入

B. 财政拨款

C. 企业债券利息收入

D. 依法收取并纳入财政管理的行政事业性收费、政府性基金

27. 企业的下列所得不符合免征、减征企业所得税条件的是(　　)。

A. 符合条件的技术转让所得

B. 从事符合条件的环境保护、节能节水项目的所得

C. 外国政府向中国政府提供贷款取得的利息所得

D. 企业自建自用的基础设施项目

28. 根据企业所得税法律制度的有关规定，企业应当自年度终了之日起(　　)内，向税务机关报送年度企业所得税纳税申报表，并汇算清缴，结清应缴应退税款。

A. 3个月　　　　　　　　　　B. 4个月

C. 5个月　　　　　　　　　　D. 6个月

29. 非居民企业在中国境内未设立机构、场所的，以(　　)为企业所得税纳税地点。

A. 收入发生地　　　　　　　　B. 业务发生地

C. 扣缴义务人所在地　　　　　D. 机构、场所所在地

30. 纳税人进行破产清算时，应当以(　　)作为一个企业所得税的纳税年度计算清算所得。

A. 当年1月1日至清算开始日期　B. 当年1月1日至清算结束日期

C. 当年1月1日至12月31日　　 D. 清算期间

(二) 多项选择题

1. 下列属于企业所得税征税范围的有(　　)。

A. 在中国境内未设立机构、场所的非居民企业来源于中国境内的所得

B. 在中国境内设立机构、场所的非居民企业，其所设机构、场所来源于中国境内的所得

C. 在中国境内未设立机构、场所的非居民企业来源于中国境外的所得

D. 在中国境内设立机构、场所的非居民企业，从境外取得的与所设机构、场所没有实际联系的所得

2. 根据企业所得税法的相关规定，下列有关不征税收入的表述，正确的有(　　)。

A. 企业依法收取的政府性基金和行政事业性收费，未上缴财政的部分，准予作为不征税收入

B. 企业取得的由国务院财政、税务主管部门规定专项用途并经国务院批准的财政

性资金,准予作为不征税收入

C. 企业将符合规定条件的财政性资金做不征税收入处理后,在 2 年内未发生支出的部分,应计入取得资金第 3 年的应税收入总额

D. 企业的不征税收入用于支出所形成的费用,不得在计算应纳税所得额时扣除

3. 根据企业所得税法律制度的有关规定,判定企业居民身份的标准有(　　)。

A. 从业人数　　　　　　　　B. 资产总额

C. 登记注册地　　　　　　　D. 实际管理机构地

4. 下列适用 25% 企业所得税税率的企业有(　　)。

A. 在中国境内的居民企业

B. 在中国境内设立机构、场所且取得的所得与其所设机构、场所有实际联系的非居民企业

C. 在中国境内设立机构、场所但取得的所得与其所设机构、场所没有实际联系的非居民企业

D. 在中国境内未设立机构、场所的非居民企业

5. 根据企业所得税法律制度的有关规定,在计算应纳税所得额时,限定条件准予列支的项目包括(　　)。

A. 公益性捐赠支出　　　　　B. 赞助支出

C. 税收滞纳金　　　　　　　D. 广告费和业务宣传费

6. 根据企业所得税法律制度的有关规定,在计算应纳税所得额时,下列支出不得扣除的是(　　)。

A. 向投资者支付的股息　　　B. 企业所得税税款

C. 赞助支出　　　　　　　　D. 罚金

7. 根据企业所得税法的相关规定,企业发生的下列保险费在计算应纳税所得额时准予据实扣除的有(　　)。

A. 企业按照规定标准为职工缴纳的基本养老保险费

B. 企业为职工支付的补充医疗保险费

C. 企业以车间生产设备为标的办理财产保险,按照规定缴纳的保险费

D. 企业为投资者支付的家庭财产保险费

8. 根据企业所得税法的相关规定,下列属于不征税收入的有(　　)。

A. 企业转让资产所得

B. 国债利息收入

C. 依法收取并纳入财政管理的行政事业性收费

D. 财政拨款

9. 根据企业所得税法的相关规定，企业取得的下列收入可以作为广告费和业务宣传费税前扣除限额计算基数的有（　　）。

　　A. 转让无形资产所有权取得的收入　　B. 接受捐赠取得的收入

　　C. 出租房屋使用权取得的收入　　D. 销售原材料取得的收入

10. 根据企业所得税法的相关规定，在中国境内未设立机构、场所的非居民企业从中国境内取得的下列所得，应按收入全额计算征收企业所得税的有（　　）。

　　A. 股息、红利所得　　B. 利息所得

　　C. 租金所得　　D. 转让财产所得

11. 下列说法正确的有（　　）。

　　A. 企业经营租入的固定资产，其支付的租金应在租入当期一次性扣除

　　B. 企业融资租入的固定资产，计提的折旧可在企业所得税税前扣除

　　C. 企业发生的汇兑损失除已经计入有关资产成本及与向所有者进行利润分配相关的部分外，准予扣除

　　D. 企业按规定提取的环境保护专项资金，在提取时准予扣除

12. 下列各项，准予在以后年度结转扣除的有（　　）。

　　A. 广告费　　B. 职工教育经费

　　C. 业务招待费　　D. 业务宣传费

13. 下列说法正确的有（　　）。

　　A. 企业发生的与生产经营活动有关的业务招待费支出，按照发生额的60%扣除，但最高不得超过当年销售（营业）收入的5‰

　　B. 企业发生的捐赠支出，不超过年度利润总额12%的部分，准予在计算应纳税所得额时扣除；超过年度利润总额12%的部分，准予结转以后3年内在计算应纳税所得额时扣除

　　C. 企业发生的符合条件的广告费和业务宣传费支出，不超过当年销售（营业）收入15%的部分准予扣除

　　D. 纳税人逾期归还银行贷款，银行按规定加收的罚息，允许在税前扣除

14. 根据企业所得税法的相关规定，在计算企业所得税应纳税所得额时，不得在企业所得税税前扣除的有（　　）。

　　A. 计提的用于生态恢复方面的专项资金

　　B. 违反法律被司法部门处以的罚金

　　C. 非广告性质的赞助支出

　　D. 银行按规定加收的罚息

15. 在计算企业所得税应纳税所得额时，下列项目应作为长期待摊费用处理的

是( )。

A. 未足额提取折旧的固定资产的改建支出

B. 租入固定资产的改建支出

C. 固定资产的大修理支出

D. 已足额提取折旧的固定资产的改建支出

16. 根据企业所得税法律制度的规定，下列固定资产不得计算折旧扣除的是( )。

A. 房屋、建筑物以外未投入使用的固定资产

B. 以融资租赁方式租出的固定资产

C. 已足额提取折旧仍继续使用的固定资产

D. 以经营租赁方式租入的固定资产

17. 下列表述不正确的有( )。

A. 企业应当自生产性生物资产投入使用月份的当月起计算折旧

B. 生产性生物资产按照直线法计算的折旧准予扣除

C. 停止使用的生产性生物资产，应当自停止使用的当月起停止计算折旧

D. 企业应当自生产性生物资产投入使用月份的次月起计算折旧

18. 关于投资资产的成本，下列叙述正确的是( )。

A. 在企业对外投资期间，投资资产的成本在计算应纳税所得额时可以扣除

B. 企业在转让或者处置投资资产时，投资资产的成本不得扣除

C. 通过支付现金方式取得的投资资产，以购买价款为成本

D. 通过支付现金以外的方式取得的投资资产，以该资产的公允价值和支付的相关税费为成本

19. 下列项目中，属于纳税调整增加额的项目有( )。

A. 职工教育经费支出超标准　　B. 利息费用支出超标准

C. 公益救济性捐赠超标准　　　D. 查补的增值税

20. 根据企业所得税法的相关规定，下列项目中，属于计算企业所得税应纳税所得额时不得扣除的项目有( )。

A. 缴纳的消费税　　　　　　　B. 缴纳的税收滞纳金

C. 存货跌价准备金　　　　　　D. 非公益性捐赠支出

21. 下列各项属于企业所得税法规定的免税收入的有( )。

A. 国债利息收入

B. 符合条件的居民企业之间的股息、红利等权益性投资收益

C. 小型微利企业的收入

D. 符合条件的非营利组织的收入

22. 企业从事下列项目的所得，免征企业所得税的有( )。
    A. 农技推广   B. 农产品初加工
    C. 远洋捕捞   D. 海水养殖

23. 下列项目可以享受加计扣除的有( )。
    A. 企业安置残疾人员所支付的工资
    B. 企业购置节水专用设备的投资
    C. 企业开发新技术、新产品、新工艺发生的研究开发费用
    D. 企业购置环境保护专用设备的投资

24. 根据企业所得税法规定的税收优惠政策，下列说法正确的有（ ）。
    A. 企业购置用于环境保护、节能节水、安全生产等专用设备的投资额，可以按一定比例实行税额抵免
    B. 安置残疾人员的企业所支付的工资，可以在计算应纳税所得额时加计扣除
    C. 创业投资企业从事国家鼓励的创业投资，可以按投资额的一定比例抵扣应纳税所得额
    D. 企业综合利用资源，生产符合国家产业政策规定的产品所取得的收入，可以在计算应纳税所得额时减计收入

25. 企业从事下列项目的所得，自项目取得第一笔生产经营收入所属纳税年度起，第一年至第三年免征企业所得税，第四年至第六年减半征收企业所得税的有( )。
    A. 企业承包经营、承包建设国家重点扶持的公共基础设施项目的所得
    B. 企业从事国家重点扶持的公共基础设施项目的投资经营所得
    C. 企业从事符合条件的环境保护、节能节水项目的所得
    D. 符合条件的居民企业技术转让所得

26. 甲居民企业本年度转让一项技术所有权取得收入2 400万元，与技术转让有关的成本费用为600万元。下列关于转让技术所有权的税务处理的说法，正确的有( )。
    A. 技术转让所得中不超过500万元的部分免征企业所得税
    B. 技术转让所得全部免征企业所得税
    C. 应计入应纳税所得额的金额为650万元
    D. 应计入应纳税所得额的金额为1 300万元

27. 税法规定的企业所得税的税收优惠方式包括免税、减税、( )等。
    A. 加计扣除   B. 减计收入
    C. 税额抵免   D. 费用返还

28. 下列关于企业所得税收入确认时间的表述，正确的有( )。

A. 转让股权，应于取得股权转让收入时确认收入的实现

B. 采取产品分成方式取得收入的，按照企业分得产品的日期确认收入的实现

C. 股息、红利等权益性投资收益，按照被投资方实际分配利润的日期确认收入的实现

D. 以分期收款方式销售货物的，按照合同约定的收款日期确认收入的实现

29. 下列关于居民企业所得税征收管理的表述，正确的有（   ）。

A. 除税收法律、行政法规另有规定外，居民企业以企业登记注册地为纳税地点

B. 登记注册地在境外的，以实际管理机构所在地为纳税地点

C. 居民企业应当汇总计算并缴纳企业所得税

D. 企业在纳税年度内亏损的，无须进行纳税申报

30. 根据企业所得税法的相关规定，下列说法不正确的有（   ）。

A. 企业应当自年度终了之日起 4 个月内，向税务机关报送年度企业所得税纳税申报表，并汇算清缴，结清应缴应退税款

B. 企业在年度中间终止经营活动的，应当自实际经营终止之日起 30 日内，向税务机关办理当期企业所得税汇算清缴

C. 当企业依法清算时，应以清算期间作为一个纳税年度

D. 企业所得税按年计征，分月或者分季预缴，年终汇算清缴，多退少补

（三）判断题

1. 居民企业是指依法在中国境内成立，或者依照外国法律成立但在中国境内实际从事生产经营的企业。（   ）

2. 在中国境内设立的外商投资企业，应当就其来源于中国境内、境外的所得缴纳企业所得税。（   ）

3. 非居民企业在中国境内未设立机构、场所的，境外所得须在境内缴纳企业所得税。（   ）

4. 动产转让所得应按照转让动产的企业或者机构、场所所在地，确定是否为来源于中国境内的所得。（   ）

5. 企业所得税的纳税人仅指企业，不包括社会团体。（   ）

6. 企业接受捐赠的收入，免征企业所得税。（   ）

7. 在中国境内设立机构、场所且所得与机构、场所有关联的非居民企业适用 20%的企业所得税税率。（   ）

8. 企业实际发生的与生产经营有关的全部借款利息都准许在企业所得税税前扣除。（   ）

9. 捐赠支出准予在计算企业所得税前扣除。（   ）

10. 纳税人缴纳的增值税不得在计算企业所得税前扣除,但按照当期实际缴纳的增值税计算的城市维护建设税和教育费附加,准予在计算企业所得税前扣除。（　　）

11. 企业发生的年度亏损,可用以后五个盈利年度的所得弥补。（　　）

12. 提取坏账准备金的企业,在计算企业所得税应纳税所得额时,实际发生的坏账损失大于已提取的坏账准备金的部分,不能在发生当期直接扣除。（　　）

13. 企业在计算应纳税所得额时,如果出现会计制度与税收法规相抵触的情况,应由税务机关根据企业情况核定应纳税所得额。（　　）

14. 企业计算应纳所得税额时,收到客户支付的违约金,应计入收入总额,一并计算缴纳企业所得税。（　　）

15. 企业所得税纳税人用于公益性捐赠支出的扣除比例,不得超过年度应纳税所得额的12%。（　　）

16. 企业实际发生的与取得收入有关的合理支出,准予在计算应纳税所得额时扣除。（　　）

17. 在计算应纳税所得额时,因违反税法规定而被处以的罚款不得扣除,但税收滞纳金可以扣除。（　　）

18. 停止使用的生产性生物资产,应当自停止使用的当月起停止计算折旧。（　　）

19. 根据企业所得税法律制度的有关规定,企业从事符合条件的环境保护、节能节水项目的所得,自项目取得第一笔生产经营收入所属纳税年度起,第一年至第三年免征企业所得税,第四年至第六年减半征收企业所得税。（　　）

20. 企业所得税按纳税年度计算。纳税年度自公历1月1日起至12月31日止。（　　）

（四）计算题

1. 2020年总机构设在中国境内的某外商投资企业的境内经营所得为1 000万元。同期,从设在英国的分公司取得生产经营所得折合人民币500万元,并且已在英国实际缴纳所得税折合人民币160万元;从设在印度的分公司取得生产经营所得折合人民币200万元,并且已在印度实际缴纳所得税折合人民币25万元。请按分国不分项办法计算该企业当年度应缴纳的企业所得税。

2. 某居民企业 2020 年度有关资料如下：(1) 实现利润总额为 1 875 000 元；(2) 2016 年度尚未弥补完的亏损为 25 000 元；(3) 未按期缴纳税金，支付罚款和滞纳金 10 000 元；(4) 国债利息收入 17 500 元；(5) 收到其他利息收入 5 000 元；(6) 支付非公益性捐赠支出 30 000 元；(7) 罚款收入 2 000 元；(8) 支付违约金 1 500 元。请计算该企业当年应缴纳的企业所得税。

3. 某国有企业 2020 年度取得营业收入总额 4 000 万元，成本、费用和损失共 3 800 万元，其中列支业务招待费 20 万元，广告宣传费支出 10 万元。全年缴纳增值税 50 万元、消费税 80 万元、城市维护建设税和教育费附加 13 万元，企业所得税税率为 25%。请计算该国有企业当年应缴纳的企业所得税。

4. 某工业企业为居民企业，2020 年度发生经营业务如下：全年取得产品销售收入 5 600 万元，发生产品销售成本 4 000 万元；取得其他业务收入 800 万元，发生其他业务成本 694 万元；取得购买国债的利息收入 40 万元；缴纳非增值税销售税金及附加 300

万元；发生管理费用 760 万元，其中新技术研发费用 60 万元、业务招待费 70 万元；发生财务费用 200 万元；取得直接投资其他居民企业的权益性收益 34 万元（已在投资方所在地按 15% 的税率缴纳了企业所得税）；取得营业外收入 100 万元，发生营业外支出 250 万元（其中含公益性捐赠支出 38 万元）。请计算该工业企业 2020 年度应缴纳的企业所得税。

5. 某企业为居民企业，2020 年度发生如下经营业务：全年取得产品销售收入 4 000 万元，发生产品销售成本 2 400 万元；计入成本、费用的实发工资总额为 200 万元，拨付职工工会经费 5 万元，发生职工福利费 31 万元，发生职工教育经费 18 万元；发生管理费用 800 万元，其中业务招待费 100 万元；取得营业外收入 80 万元，发生营业外支出 50 万元（其中含公益性捐赠支出 38 万元）。请计算该企业 2020 年度应缴纳的企业所得税。

6. 某居民企业 2020 年度经营业务如下：（1）取得销售收入 2 500 万元；（2）发生销售成本 1 100 万元；（3）发生销售费用 670 万元（其中广告费 450 万元），管理费用 480 万元（其中业务招待费 15 万元），财务费用 60 万元；（4）发生销售税金 160 万元（含增值税 120 万元）；（5）取得营业外收入 70 万元，发生营业外支出 50 万元（含通过公益性社会团体向贫困地区捐款 30 万元，支付税收滞纳金 6 万元）；（6）计入成本、费用的实发工资总额为 150 万元，拨付工会经费 3 万元，发生职工福利费 25.25 万元和职工教育经费 10 万元。请计算该企业 2020 年度实际应缴纳的企业所得税。

三、习题参考答案

（一）单项选择题

1.【答案】B

【解析】利息所得、租金所得、特许权使用费所得，按照负担、支付所得的企业或者机构、场所所在地确定，或者按照负担、支付所得的个人的住所地确定；权益性投资资产转让所得按照被投资企业所在地确定。

2.【答案】B

【解析】选项B：非居民企业在中国境内设立机构、场所但取得的所得与其所设机构、场所没有实际联系的，应当就其来源于中国境内的所得缴纳企业所得税，来源于境外美国的所得不需要在我国缴纳企业所得税；选项ACD：非居民企业在中国境内设立机构、场所的，应当就其取得的来源于中国境内的所得（无论境内取得的所得是否与所设机构、场所有实际联系），以及发生在中国境外但与其所设机构、场所有实际联系的所得（日本的所得），缴纳企业所得税。

3.【答案】B

【解析】居民企业是指依法在中国境内成立，或者依照外国（地区）法律成立但实际管理机构在中国境内的企业。这里的企业包括国有企业、集体企业、民营企业、联营企业、股份制企业、外商投资企业、外国企业及有生产、经营所得和其他所得的其他组织。

4.【答案】C

5.【答案】B

【解析】选项AC：非居民企业是指依照外国（地区）法律成立且实际管理机构不在中国境内，但在中国境内设立机构、场所的，或者在中国境内未设立机构、场所，但有来源于中国境内所得的企业；选项D：依法在中国境内成立的企业，无论实际管理机构是否在中国境内，都属于我国的居民企业。

6.【答案】A

【解析】企业所得税的不征税收入包括：财政拨款，依法收取并纳入财政管理的行政事业性收费、政府性基金，国务院规定的其他不征税收入。

7.【答案】B

8.【答案】C

9.【答案】D

10.【答案】D

11.【答案】C

【解析】职工福利费扣除限额 = 1 100 × 14% = 154（万元）＜实际发生 160 万元，准予扣除的金额为 154 万元；职工教育经费扣除限额 = 1 100 × 8% = 88（万元）＞实际发生 40 万元，准予扣除的金额为 40 万元；工会经费扣除限额 = 1 100 × 2% = 22（万元）＜实际发生 30 万元，准予扣除的金额为 22 万元。该企业准予扣除的"三费" = 154 + 40 + 22 = 216（万元）。

12.【答案】A

【解析】增值税是价外税，不得在税前扣除。

13.【答案】A

【解析】除企业依照国家有关规定为特殊工种职工支付的人身安全保险费和国务院财政、税务主管部门规定可以扣除的其他商业保险费外，企业为投资者或者职工支付的商业保险费，不得扣除。

14.【答案】B

【解析】不得扣除的支出项目包括：税收滞纳金；违反国家法律、法规和规章，被有关部门处以的罚金、罚款；未经核定的准备金支出；等等。纳税人逾期归还银行贷款，银行按规定加收的罚息是可以在企业所得税税前扣除的。

15.【答案】B

【解析】违反合同的违约金在计算企业所得税应纳税所得额时准予扣除，其他均不能扣除。

16.【答案】A

【解析】《中华人民共和国企业所得税法》所称企业以非货币形式取得的收入，应当按照公允价值确定收入额。

17.【答案】C

【解析】企业所得税不能在计算应纳税所得额前扣除。

18.【答案】B

19.【答案】B

【解析】下列无形资产不得计算摊销费用扣除：（1）自行开发的支出已在计算应纳税所得额时扣除的无形资产；（2）自创商誉；（3）与经营活动无关的无形资产；（4）其他不得计算摊销费用扣除的无形资产。

20.【答案】D

【解析】自行建造的固定资产，以竣工结算前发生的支出为计税基础。

21.【答案】B

【解析】当年会计利润 = 5 000 + 80 − 4 100 − 700 − 60 = 220（万元）

企业发生的公益性捐赠支出不超过年度利润总额12%的部分准予在当年税前扣除。

扣除限额=220×12%=26.4（万元）

当年应纳税所得额=220+（50-26.4）-30=213.6（万元）

当年应缴纳企业所得税=213.6×25%=53.4（万元）

22. 【答案】C

【解析】企业已在境外缴纳的所得税税额未超过抵免限额的，按照实际已缴纳税额抵免；超过抵免限额的部分，不得在本年度的应纳税额中扣除，但可以在以后5个年度内，用每年度抵免限额抵免当年应抵税额后的余额进行抵补。

23. 【答案】A

【解析】创投企业从事国家需要扶持和鼓励的创业投资，可以按投资额的70%在当年及以后年度的应纳税额中抵免；企业购置用于环境保护、节能节水、安全生产等专用设备的投资额，可以按设备投资额的10%抵免当年及以后年度的应纳税所得额；企业安置残疾人员所支付的工资，按照支付给残疾职工工资的100%加计扣除。

24. 【答案】C

25. 【答案】A

【解析】选项BC：免征企业所得税；选项D：适用减计收入优惠。

26. 【答案】A

【解析】选项BD：财政拨款，依法收取并纳入财政管理的行政事业性收费、政府性基金属于不征税收入；选项C：企业债券利息收入属于应税收入。

27. 【答案】D

【解析】企业自建自用的基础设施项目，不享受第一年至第三年免征企业所得税、第四年至第六年减半征收企业所得税的优惠。

28. 【答案】C

29. 【答案】C

【解析】非居民企业在中国境内未设立机构、场所的，或者虽设立机构、场所但取得的所得与其所设机构、场所没有实际联系的，以扣缴义务人所在地为纳税地点。

30. 【答案】D

【解析】企业依法清算时，应当以清算期间作为一个纳税年度。

（二）多项选择题

1. 【答案】AB

【解析】居民企业承担全面纳税义务，就其来源于中国境内外的全部所得纳税；非居民企业承担有限纳税义务，一般只就其来源于中国境内的所得纳税。选项D：在中国境内设立机构、场所的非居民企业，从境外取得的所得，如果与所设机构、场所没有实际联系，则不是企业所得税的征税范围。

2.【答案】BD

【解析】对企业依照法律、法规及国务院有关规定收取并上缴财政的政府性基金和行政事业性收费，准予作为不征税收入，于上缴财政的当年在计算应纳税所得额时从收入总额中减除；未上缴财政的部分，不得从收入总额中减除。企业将符合规定条件的财政性资金做不征税收入处理后，在5年（60个月）内未发生支出且未缴回财政部门或其他拨付资金的政府部门的部分，应计入取得资金第6年的应税收入总额。

3.【答案】CD

4.【答案】AB

【解析】企业所得税的基本税率为25%，适用于居民企业和在中国境内设立机构、场所且取得的所得与其所设机构、场所有实际联系的非居民企业。

5.【答案】AD

6.【答案】ABCD

7.【答案】AC

【解析】企业为在本企业任职或者受雇的全体员工支付的补充养老保险费、补充医疗保险费，分别在不超过职工工资总额5%标准内的部分，准予扣除；超过的部分，不得扣除。除另有规定外，企业为投资者或者职工支付的商业保险费，不得扣除。

8.【答案】CD

【解析】企业所得税中不征税收入包括：财政拨款，依法收取并纳入财政管理的行政事业性收费、政府性基金，国务院规定的其他不征税收入。

9.【答案】CD

【解析】广告费和业务宣传费税前扣除限额的计算基数是销售（营业）收入，这里的销售（营业）收入包括主营业务收入、其他业务收入和视同销售收入。选项AB属于营业外收入，不可以作为广告费和业务宣传费税前扣除限额的计算基数。

10.【答案】ABC

【解析】选项D：在中国境内未设立机构、场所的非居民企业从中国境内取得的转让财产所得，以收入全额减除财产净值后的余额为企业所得税应纳税所得额。

11.【答案】BCD

【解析】企业以经营租赁方式租入固定资产发生的租赁费支出，按照租赁期限均匀地在企业所得税税前扣除。

12.【答案】ABD

【解析】选项AD：企业发生的符合条件的广告费和业务宣传费支出，除国务院财政、税务主管部门另有规定外，不超过当年销售（营业）收入15%的部分，准予在企业所得税税前扣除；超过部分，准予在以后纳税年度结转扣除。选项 B：除国务院财政、税务主管部门另有规定外，企业发生的职工教育经费支出，不超过工资薪金总额 8%的部分，准予在企业所得税税前扣除；超过部分，准予在以后纳税年度结转扣除。

13. 【答案】ACD

【解析】企业发生的公益性捐赠支出，不超过年度利润总额 12%的部分，准予在计算企业所得税应纳税所得额时扣除；超过年度利润总额 12%的部分，准予结转以后 3 年内在计算企业所得税应纳税所得额时扣除。

14. 【答案】BC

【解析】纳税人因违反法律、行政法规而交付的罚款、罚金、滞纳金，不得扣除；纳税人逾期归还银行贷款，银行按规定加收的罚息，不属于行政性罚款，允许在税前扣除。

15. 【答案】BCD

16. 【答案】ABCD

17. 【答案】AC

【解析】选项 C：企业停止使用的生产性生物资产，应当自停止使用月份的次月起停止计算折旧。

18. 【答案】CD

【解析】通过支付现金方式取得的投资资产，以购买价款为成本。通过支付现金以外的方式取得的投资资产，以该资产的公允价值和支付的相关税费为成本。在企业对外投资期间，投资资产的成本在计算应纳税所得额时不得扣除。企业在转让或者处置投资资产时，投资资产的成本准予扣除。

19. 【答案】ABC

【解析】选项 D：查补的增值税，不做纳税调整。

20. 【答案】BCD

【解析】选项 A：缴纳的消费税，属于价内税，可以在税前扣除。

21. 【答案】ABD

22. 【答案】ABC

【解析】选项 D：企业从事海水养殖取得的所得，减半征收企业所得税。

23. 【答案】AC

【解析】选项 BD 属于税额抵免优惠，即企业购置并实际使用《环境保护专用设备企业所得税优惠目录》《节能节水专用设备企业所得税优惠目录》《安全生产专用设备企业所得税优惠目录》规定的环境保护、节能节水、安全生产等专用设备的，该专用设备的投资额的 10%可以从企业当年的应纳税额中抵免；当年不足抵免的，可以在以后 5

个纳税年度结转抵免。

24. 【答案】ABCD

【解析】企业购置用于环境保护、节能节水、安全生产等专用设备的投资额,可以按10%的比例实行税额抵免。安置残疾人员的企业所支付的工资,可以在计算应纳税所得额时加计100%扣除。创业投资企业从事国家鼓励的创业投资,可以按照其投资额的70%在股权持有满2年的当年抵扣该创业投资企业的应纳税所得额。企业综合利用资源,生产符合国家产业政策规定的产品所取得的收入,可以在计算应纳税所得额时按90%计入收入。

25. 【答案】BC

【解析】选项A:企业承包经营、承包建设和内部自建自用的,不得享受题干中的企业所得税优惠。选项D:符合条件的居民企业转让技术所有权所得,不超过500万元的部分,免征企业所得税;超过500万元的部分,减半征收企业所得税。

26. 【答案】AC

【解析】一个纳税年度内,居民企业转让技术所有权所得不超过500万元的部分,免征企业所得税;超过500万元的部分,减半征收企业所得税。

技术转让所得 = 2 400 - 600 = 1 800(万元)

其中,500万元免征企业所得税,1 300万元减半征收企业所得税。

应计入应纳税所得额的金额 = 1 300 ÷ 2 = 650(万元)

27. 【答案】ABC

【解析】税法规定的企业所得税的税收优惠方式包括免税、减税、加计扣除、加速折旧、减计收入、税额抵免等。

28. 【答案】BD

【解析】选项A:企业转让股权,应于转让协议生效且完成股权变更手续时确认收入的实现;选项C:股息、红利等权益性投资收益,除国务院财政、税务主管部门另有规定外,按照被投资方做出利润分配或转股决定的日期确认收入的实现。

29. 【答案】AB

【解析】选项C:居民企业在中国境内设立不具有法人资格的营业机构的,应当汇总计算并缴纳企业所得税;选项D:企业在纳税年度内无论是盈利还是亏损,都应该按照相关规定进行纳税申报。

30. 【答案】AB

【解析】选项A:企业应当自年度终了之日起5个月内,向税务机关报送年度企业所得税纳税申报表,并汇算清缴,结清应缴应退税款;选项B:企业在年度中间终止经营活动的,应当自实际经营终止之日起60日内,向税务机关办理当期企业所得税汇算清缴。

(三) 判断题

1.【答案】×

【解析】居民企业是指依法在中国境内成立，或者依照外国（地区）法律成立但实际管理机构在中国境内的企业。居民企业并不是在中国境内实际从事生产经营的企业，而是实际管理机构在中国境内的企业。

2.【答案】√

【解析】在中国境内设立的外商投资企业，属于居民企业纳税义务人，负有无限纳税义务，应当就其来源于中国境内、境外的所得缴纳企业所得税。

3.【答案】×

【解析】非居民企业在中国境内未设立机构、场所的，或者虽设立机构、场所但取得的所得与其所设机构、场所没有实际联系的，应当就其来源于中国境内的所得缴纳企业所得税。境外所得不需要在境内缴纳企业所得税。

4.【答案】√

【解析】动产转让所得按照转让动产的企业或者机构、场所所在地，确定是否为来源于中国境内的所得。

5.【答案】×

【解析】除个人独资企业、合伙企业不适用《中华人民共和国企业所得税法》外，凡在中国境内的企业和其他取得收入的组织均为企业所得税的纳税义务人。

6.【答案】×

7.【答案】×

【解析】在中国境内设立机构、场所且所得与机构、场所有关联的非居民企业适用25%的企业所得税税率。

8.【答案】×

9.【答案】×

【解析】企业发生的公益性捐赠支出，不超过年度利润总额12%的部分，准予扣除；超过年度利润总额12%的部分，准予以后3年内在计算应纳税所得额时结转扣除。纳税人直接向受赠人捐赠，以及非公益性捐赠，不得在企业所得税税前扣除。

10.【答案】√

【解析】企业发生的除企业所得税和增值税外的各项税金及附加，准予在计算企业所得税前扣除。

11.【答案】×

【解析】企业发生的年度亏损，可用以后五个年度的所得弥补，以后五个年度包括亏损的年度。

12.【答案】×

【解析】在计算企业所得税应纳税所得额时，按照实际发生的坏账损失扣除。

13.【答案】×

【解析】企业在计算应纳税所得额时，如果出现会计制度与税收法规相抵触的情况，应根据税法规定进行纳税调整。

14.【答案】√

15.【答案】×

【解析】企业发生的公益性捐赠支出，在年度利润总额12%以内的部分，准予在计算企业所得税应纳税所得额时扣除；超过年度利润总额12%的部分，准予结转以后3年内在计算企业所得税应纳税所得额时扣除。扣除限额为年度利润总额的12%，而不是应纳税所得额的12%。

16.【答案】√

【解析】企业申报的扣除项目和金额要真实、合法，而且应与取得的收入配比扣除。

17.【答案】×

【解析】罚款和税收滞纳金均为不可扣除项目。

18.【答案】×

【解析】停止使用的生产性生物资产，应当自停止使用月份的次月起停止计算折旧。

19.【答案】√

20.【答案】√

（四）计算题

1.【答案】

（1）在英国的分公司生产经营所得已纳税额扣除限额＝500×25%＝125（万元）

（2）在印度的分公司生产经营所得已纳税额扣除限额＝200×25%＝50（万元）

（3）该企业当年度应缴纳的企业所得税＝(1 000＋500＋200)×25%－125－25＝275（万元）

2.【答案】

（1）该企业当年应纳税所得额＝1 875 000－25 000＋10 000－17 500＋30 000＝1 872 500（元）

（2）该企业当年应缴纳的企业所得税＝1 872 500×25%＝468 125（元）

3.【答案】

(1)业务招待费发生额的60% = 20×60% = 12(万元)

销售(营业)收入的5‰ = 4 000×5‰ = 20(万元)

12万元小于20万元,可税前扣除的业务招待费为12万元。

业务招待费应纳税调增金额 = 20 - 12 = 8(万元)

(2)广告宣传费扣除限额 = 4 000×15% = 600(万元)

广告宣传费实际发生额为10万元,未超过扣除限额,不需要做纳税调整。

(3)应纳税所得额 = 4 000 - 3 800 + 8 - 80 - 13 = 115(万元)

(4)该国有企业当年应缴纳的企业所得税 = 115×25% = 28.75(万元)

4.【答案】

(1)会计利润总额 = 5 600 + 800 + 40 + 34 + 100 - 4 000 - 694 - 300 - 760 - 200 - 250 = 370(万元)

(2)国债利息收入免征企业所得税,应调减应纳税所得额40万元

(3)新技术研发费用调减应纳税所得额 = 60×75% = 45(万元)

(4)业务招待费发生额的60% = 70×60% = 42(万元)

销售(营业)收入的5‰ = (5 600 + 800)×5‰ = 32(万元)

按照规定税前扣除限额应为32万元,实际应调增应纳税所得额 = 70 - 32 = 38(万元)。

(5)取得直接投资其他居民企业的权益性收益属于免税收入,应调减应纳税所得额34万元

(6)公益性捐赠支出扣除标准 = 370×12% = 44.4(万元)

实际捐赠额38万元小于扣除标准44.4万元,可按实际捐赠额扣除,不做纳税调整。

(7)应纳税所得额 = 370 - 40 - 45 + 38 - 34 = 289(万元)

(8)该工业企业2020年度应缴纳的企业所得税 = 289×25% = 72.25(万元)

5.【答案】

(1)会计利润总额 = 4 000 + 80 - 2 400 - 800 - 50 = 830(万元)

(2)工会经费税前扣除限额 = 200×2% = 4(万元)

工会经费应调增应纳税所得额 = 5 - 4 = 1(万元)

(3)职工福利费税前扣除限额 = 200×14% = 28(万元)

职工福利费应调增应纳税所得额 = 31 - 28 = 3(万元)

(4)职工教育经费税前扣除限额 = 200×8% = 16(万元)

职工教育经费应调增应纳税所得额 = 18 - 16 = 2(万元)

(5)业务招待费税前扣除限额:4 000×5‰ = 20(万元),100×60% = 60(万元)

业务招待费应调增应纳税所得额 = 100 - 20 = 80(万元)

(6)公益性捐赠支出税前扣除限额=830×12%=99.6(万元)

实际捐赠额38万元小于税前扣除标准99.6万元,可按实际捐赠额扣除,不做纳税调整。

(7)应纳税所得额=830+1+3+2+80=916(万元)

(8)该企业2020年度应缴纳的企业所得税=916×25%=229(万元)

6.【答案】

(1)会计利润总额=2 500-1 100-670-480-60-(160-120)+70-50=170(万元)

(2)广告费应调增应纳税所得额=450-2 500×15%=75(万元)

(3)实际业务招待费的60%=15×60%=9(万元)

销售收入的5‰=2 500×5‰=12.5(万元)

业务招待费应调增应纳税所得额=15-9=6(万元)

(4)公益性捐赠支出税前扣除限额=170×12%=20.4(万元)

公益性捐赠支出应调增应纳税所得额=30-20.4=9.6(万元)

(5)工会经费税前扣除限额=150×2%=3(万元)

职工福利费税前扣除限额=150×14%=21(万元)

职工教育经费税前扣除限额=150×8%=12(万元)

职工福利费应调增应纳税所得额=25.25-21=4.25(万元)

(6)应纳税所得额=170+75+6+9.6+6+4.25=270.85(万元)

(7)该企业2020年度实际应缴纳的企业所得税=270.85×25%≈67.71(万元)

第六章 个人所得税法

>>> 一、主要内容

本章主要阐述个人所得税法的基本政策和制度。个人所得税是主要以自然人取得的各类应税所得为征税对象而征收的一种所得税。

个人所得税的纳税义务人，包括中国公民、个体工商户、个人独资企业、合伙企业投资者、在中国有所得的外籍人员（包括无国籍人员）和香港、澳门、台湾同胞。上述纳税义务人依据住所和居住时间两个标准，区分为居民个人和非居民个人，分别承担不同的纳税义务。

个人所得税的征收范围包括：（1）工资、薪金所得；（2）劳务报酬所得；（3）稿酬所得；（4）特许权使用费所得；（5）经营所得；（6）利息、股息、红利所得；（7）财产租赁所得；（8）财产转让所得；（9）偶然所得。居民个人取得上述第（1）项至第（4）项所得（以下简称"综合所得"），按纳税年度合并计算个人所得税；非居民个人取得上述第（1）项至第（4）项所得，按月或者按次分项计算个人所得税。纳税人取得上述第（5）项至第（9）项所得，分别计算个人所得税。

由于个人所得税的应税项目不同，并且取得各项所得所需的费用也不相同，因此，在计算个人应纳税所得额时，需要按不同应税项目分项计算。以某项应税项目的收入额减去税法规定的该项目费用减除标准后的余额，为该应税项目应纳税所得额。其中，综合所得适用七级超额累进税率；经营所得适用五级超额累进税率；利息、股息、红利所得，财产租赁所得，财产转让所得和偶然所得，适用比例税率。

个人所得税的纳税办法，全国通用实行的有自行申报纳税和全员全额扣缴申报纳税两种。扣缴义务人向个人支付应税款项时，应当依照个人所得税法规定预扣或者代扣税款，按时缴库，并专项记载备查。

二、习题

（一）单项选择题

1. 我国现行个人所得税采用的税制类型是（　　）。
   A. 分类所得税制
   B. 综合所得税制
   C. 分类与综合相结合的所得税制
   D. 单一所得税制

2. 下列各项所得，不属于来源于中国境内的是（　　）。
   A. 外籍个人因持有中国的各种股票、股权而从中国境内的企业或者其他经济组织及个人取得的股息、红利所得
   B. 中国公民因任职、受雇、履约等在中国境外提供各种劳务取得的所得
   C. 外籍个人转让中国境内的建筑物、土地使用权等财产取得的所得
   D. 外籍个人将设备出租给中国公司在境内使用取得的租金

3. 根据新个人所得税法的相关规定，居民个人取得（　　）不作为综合所得。
   A. 稿酬所得
   B. 经营所得
   C. 劳务报酬所得
   D. 工资、薪金所得

4. 下列各项，应当按照"工资、薪金所得"项目征收个人所得税的是（　　）。
   A. 个人兼职取得的收入
   B. 个人因从事彩票代销业务而取得的所得
   C. 任职于杂志社的记者在本单位杂志上发表作品取得的收入
   D. 独生子女补贴和差旅费津贴

5. 下列应按"财产租赁所得"项目缴纳个人所得税的是（　　）。
   A. 房产销售收入
   B. 将房产提供给债权人使用而放弃的租金收入
   C. 彩票中奖收入
   D. 出版书籍取得的收入

6. 个人参加笔会，现场作画取得的作画所得属于（　　）。
   A. 工资、薪金所得
   B. 稿酬所得
   C. 劳务报酬所得
   D. 经营所得

7. 下列各项，应当按照"特许权使用费所得"项目征收个人所得税的是（　　）。
   A. 作者去世后，财产继承人取得的遗作稿酬
   B. 个人取得特许权侵害的经济赔偿收入
   C. 个人出租土地使用权取得的收入

D. 个人发表摄影作品取得的所得

8. 根据新个人所得税法的相关规定，在中国境内无住所又不居住，或者无住所而一个纳税年度内在中国境内居住累计不满(　　)的个人，为非居民个人。

　　A. 30 天　　　　　　　　　　　B. 90 天

　　C. 183 天　　　　　　　　　　 D. 一年

9. 下列关于中国税法规定的住所标准和居住时间标准的说法，正确的是(　　)。

　　A. 在判定居民身份时，中国税法规定的住所标准优先于居住时间标准

　　B. 在判定居民身份时，中国税法规定的居住时间标准优先于住所标准

　　C. 在判定居民身份时，必须同时满足中国税法规定的居住时间标准和住所标准

　　D. 在判定居民身份时，只需要满足中国税法规定的居住时间标准和住所标准中的任何一个标准，就可以被认定为居民纳税人

10. 下列属于我国个人所得税法中规定的专项扣除的项目是(　　)。

　　A. 基本养老保险　　　　　　　B. 子女教育支出

　　C. 企业年金　　　　　　　　　D. 税收递延型商业养老保险

11. 根据《国务院关于印发个人所得税专项附加扣除暂行办法的通知》（国发〔2018〕41 号）的规定，纳税人在中国境内接受学历（学位）继续教育的支出，在学历（学位）教育期间按照每月(　　)定额扣除。

　　A. 400 元　　　　　　　　　　 B. 1 000 元

　　C. 2 000 元　　　　　　　　　 D. 3 600 元

12. 根据个人所得税法的相关规定，下列各项专项附加扣除项目，只能在办理汇算清缴时扣除的是(　　)。

　　A. 继续教育支出　　　　　　　B. 大病医疗支出

　　C. 赡养老人支出　　　　　　　D. 住房租金支出

13. 个体工商户发生的下列支出，允许在个人所得税税前扣除的是(　　)。

　　A. 用于家庭的支出

　　B. 生产经营过程中发生的财产转让损失

　　C. 非广告性质的赞助支出

　　D. 罚金损失

14. 个人将其所得通过中国境内的公益性社会组织、国家机关向教育、扶贫、济困等公益慈善事业进行捐赠，捐赠额未超过纳税人申报的应纳税所得额(　　)的部分，可以从其应纳税所得额中扣除；国务院规定对公益慈善事业捐资实行全额税前扣除的，从其规定。

　　A. 12%　　　　　　　　　　　　B. 30%

C. 50%　　　　　　　　　　D. 60%

15. 自 2015 年 9 月 8 日起，个人从公开发行和转让市场取得的上市公司股票，持股期限超过（　　）的，股息、红利所得暂免征收个人所得税。

A. 1 个月　　　　　　　　　B. 3 个月

C. 1 年　　　　　　　　　　D. 2 年

16. 下列项目，可以免征个人所得税的是（　　）。

A. 民间借贷利息

B. 个人举报、协查各种违法、犯罪行为而获得的奖金

C. 在超市购物中获得的中奖收入

D. 本单位自行规定发给的补贴、津贴

17. 下列所得，免征个人所得税的是（　　）。

A. 年终加薪

B. 拍卖本人文字作品手稿原件的收入

C. 个人保险所获赔偿

D. 从投资管理公司取得的派息分红

18. 某高校教师在 2021 年 8 月取得的下列收入，应计算缴纳个人所得税的是（　　）。

A. 国债利息收入

B. 任职高校发放的误餐补助

C. 为某企业开设讲座取得的酬金

D. 任职高校为其缴付的住房公积金

19. 对退休职工王某免缴个人所得税的是（　　）。

A. 稿酬 1 200 元

B. 原任职单位老人节补贴 400 元

C. 商场有奖销售中奖 300 元

D. 退休工资 6 000 元

20. 在中国境内无住所的个人，在中国境内居住累计满 183 天的年度连续不满（　　）年的，经向主管税务机关备案，其来源于中国境外且由境外单位或者个人支付的所得，免予缴纳个人所得税。

A. 5　　　　　　　　　　　B. 6

C. 8　　　　　　　　　　　D. 10

21. 纳税人有两处以上任职、受雇单位的，个人所得税纳税申报的地点是（　　）。

A. 纳税人经常居住地

B. 税务局指定地点

C. 纳税人户籍所在地

D. 纳税人选择其中一处任职、受雇单位所在地

22. 纳税人取得综合所得需要办理汇算清缴的,应在(   )到主管税务机关办理汇算清缴。

　　A. 次年 3 月 1 日至 6 月 30 日

　　B. 次年 1 月 1 日至 6 月 30 日

　　C. 次年 2 月 1 日至 6 月 30 日

　　D. 次年 1 月 1 日至 3 月 31 日

23. 李某是个体工商户,其家庭所在地在甲市 A 区,工商注册地在甲市 B 区,实际经营地在甲市 C 区。下列说法正确的是(   )。

　　A. 李某应在 A 区申报缴纳个人所得税

　　B. 李某应在 B 区申报缴纳个人所得税

　　C. 李某应在 C 区申报缴纳个人所得税

　　D. 李某可以任意选择 A 区、B 区或者 C 区申报缴纳个人所得税

24. 扣缴义务人每月或者每次预扣、代扣的税款,应当在次月(   )日内缴入国库,并向税务机关报送《个人所得税扣缴申报表》。

　　A. 7　　　　　　　　　　　　　B. 10

　　C. 15　　　　　　　　　　　　 D. 30

25. 纳税人取得应税所得,扣缴义务人未扣缴税款的,纳税人应当在取得所得的(   )缴纳税款;税务机关通知限期缴纳的,纳税人应当按照期限缴纳税款。

　　A. 次月 10 日内　　　　　　　 B. 次月 15 日内

　　C. 次年 3 月 31 日前　　　　　D. 次年 6 月 30 日前

(二) 多项选择题

1. 根据新个人所得税法实施条例的规定,除国务院财政、税务主管部门另有规定外,下列(   ),不论支付地点是否在中国境内,均为来源于中国境内的所得。

　　A. 因任职、受雇、履约等在中国境内提供劳务取得的所得

　　B. 将财产出租给承租人在中国境内使用而取得的所得

　　C. 许可各种特许权在中国境内使用而取得的所得

　　D. 转让中国境内的不动产等财产或者在中国境内转让其他财产取得的所得

2. 依照税法的规定,非居民纳税义务人取得的下列所得,应依法缴纳个人所得税的是(   )。

　　A. 受雇于中国境内的公司而取得的工资、薪金所得

B. 在中国境内从事生产经营活动而取得的生产经营所得

C. 购买外国债券、股票而取得的所得

D. 转让中国境内的房屋而取得的财产转让所得

3. 根据个人所得税的相关规定，下列说法正确的有( )。

A. 个人在公司任职、受雇，取得的监事费收入，按照"劳务报酬所得"项目征收个人所得税

B. 演员自己走穴演出取得的收入，按照"劳务报酬所得"项目征收个人所得税

C. 个人担任独立董事，取得的董事费收入，按照"劳务报酬所得"项目征收个人所得税

D. 个人兼职取得的收入，按照"工资、薪金所得"项目征收个人所得税

4. 下列所得，属于个人所得税"工资、薪金所得"应税项目的有( )。

A. 王某退休后再任职取得的所得

B. 甲公司会计张某每周末做业余审计助理的兼职所得

C. 某月李某领取的独生子女补贴

D. 任职于乙报社的记者宋某在本单位报刊上发表作品取得的所得

5. 下列各项，应按"利息、股息、红利所得"项目征收个人所得税的有( )。

A. 法人企业为其股东购买小汽车并将小汽车办理在股东名下

B. 个人取得的国债转让所得

C. 个人独资企业业主用企业资金进行个人消费部分

D. 职工拥有股票期权且在行权后取得企业税后利润分配收益

6. 下列不属于稿酬所得的有( )。

A. 摄影作品以图书形式出版取得的所得

B. 拍卖自己的文字作品手稿原件取得的所得

C. 为企业撰写发展史取得的所得

D. 为出版社审稿取得的所得

7. 下列所得，应按"偶然所得"项目征收个人所得税的有( )。

A. 个人取得单张所得超过800元的有奖发票奖金

B. 参加有奖销售所得奖金

C. 退休后再受雇取得的收入

D. 购买福利彩票所得奖金

8. 下列各项，按"财产转让所得"项目计征个人所得税的有( )。

A. 个人转让土地使用权取得的收入

B. 个人出售股权取得的收入

C. 个人通过网络收购玩家的虚拟货币,加价后向他人出售取得的收入

D. 个人转让商标使用权取得的收入

9. 下列属于非居民个人的有(　　)。

A. 在中国境内无住所又不居住的甲

B. 在中国境内无住所,于2020年9月1日入境、2021年3月31日离境的乙

C. 在中国境内无住所,于2020年3月1日入境、2020年10月31日离境的丙

D. 在中国境内无住所,于2020年2月1日入境、2020年10月31日离境,其间5月1日回国探亲、5月20日返回的丁

10. 下列各项,适用超额累进税率计征个人所得税的有(　　)。

A. 经营所得　　　　　　　　B. 财产转让所得

C. 工资、薪金所得　　　　　D. 财产租赁所得

11. 根据新个人所得税法的相关规定,居民个人取得(　　)作为综合所得,按纳税年度合并计算个人所得税。

A. 稿酬所得　　　　　　　　B. 工资、薪金所得

C. 劳务报酬所得　　　　　　D. 特许权使用费所得

12. 下列支出,属于个人所得税专项附加扣除的有(　　)。

A. 子女教育支出　　　　　　B. 企业年金支出

C. 大病医疗支出　　　　　　D. 住房租金支出

13. 下列关于各专项附加扣除项目的扣除金额的表述,正确的有(　　)。

A. 纳税人的子女接受全日制学历教育的相关支出,按照每个子女每月1 000元的标准定额扣除

B. 纳税人在中国境内接受学历(学位)继续教育的支出,在学历(学位)教育期间按照每月400元定额扣除

C. 在一个纳税年度内,纳税人发生的与基本医保相关的医药费用支出,全额按照80 000元的标准定额扣除

D. 纳税人为独生子女的,其赡养老人支出按照每月2 000元的标准定额扣除

14. 对个人所得征收个人所得税时,以每次收入额为应纳税所得额的有(　　)。

A. 偶然所得　　　　　　　　B. 工资、薪金所得

C. 红利所得　　　　　　　　D. 股息所得

15. 下列各项,享受免征个人所得税优惠的有(　　)。

A. 国债利息　　　　　　　　B. 福利费、抚恤金、救济金

C. 保险赔款　　　　　　　　D. 军人的转业费、复员费

16. 下列所得,免予缴纳个人所得税的有( )。

   A. 王某购物取得发票中奖 1 000 元

   B. 著名作家莫言获得的诺贝尔文学奖奖金

   C. 于某取得的军人转业费

   D. 杨某退休后按月领取的基本养老金

17. 根据新个人所得税法的相关规定,有下列( )情形之一的,纳税人应当依法办理纳税申报。

   A. 取得境外所得

   B. 因移居境外注销中国户籍

   C. 取得应税所得没有扣缴义务人

   D. 非居民个人在中国境内从两处以上取得工资、薪金所得

18. 根据个人所得税法的相关规定,下列各项所得,有扣缴义务人的,由扣缴义务人扣缴税款的有( )。

   A. 工资、薪金所得 B. 劳务报酬所得

   C. 经营所得   D. 财产转让所得

19. 下列说法正确的有( )。

   A. 居民个人取得综合所得,按年计算个人所得税;有扣缴义务人的,由扣缴义务人按月或者按次预扣预缴税款

   B. 居民个人取得综合所得,需要办理汇算清缴的,应当在取得所得的次年 3 月 1 日至 6 月 30 日内办理汇算清缴

   C. 非居民个人取得工资、薪金所得,由扣缴义务人按月或者按次代扣代缴税款,需要办理汇算清缴的,应当在取得所得的次年 3 月 1 日至 6 月 30 日内办理汇算清缴

   D. 非居民个人取得劳务报酬所得、稿酬所得和特许权使用费所得,有扣缴义务人的,由扣缴义务人按月或者按次代扣代缴税款,不办理汇算清缴

20. 根据个人所得税法的相关规定,下列关于纳税申报的表述,错误的有( )。

   A. 非居民个人取得工资、薪金所得,有扣缴义务人的,由扣缴义务人代扣代缴税款,不办理汇算清缴

   B. 纳税人取得经营所得,按年计算个人所得税,由纳税人在月度或者季度终了后 15 日内向税务机关报送纳税申报表,并预缴税款,在取得所得的次年 3 月 1 日至 6 月 30 日内办理汇算清缴

   C. 非居民个人在中国境内从两处以上取得工资、薪金所得的,应当在取得所得的次月 15 日内申报纳税

D. 居民个人从中国境外取得所得的,应当在取得所得的次年 3 月 31 日前申报纳税

(三) 判断题

1. 个人从单位取得的年终加薪、劳动分红,应视同股息、红利征税。　　　(　)

2. 个体工商户和从事生产经营的个人,取得的所有所得均按照"经营所得"项目缴纳个人所得税。　　　　　　　　　　　　　　　　　　　　　　　　　　(　)

3. 作者去世后,财产继承人取得的遗作稿酬,按"偶然所得"项目计征个人所得税。　　　　　　　　　　　　　　　　　　　　　　　　　　　　　　(　)

4. 公开拍卖文字作品手稿原件所得应按"特许权使用费所得"项目缴纳个人所得税。　　　　　　　　　　　　　　　　　　　　　　　　　　　　　　(　)

5. 个人取得的财产转租收入不征收个人所得税。　　　　　　　　　　　(　)

6. 某新加坡公民于 2021 年 3 月 1 日至 2021 年 7 月 30 日在中国境内工作,该新加坡公民不是我国个人所得税的居民个人。　　　　　　　　　　　　　　　(　)

7. 根据新个人所得税法的相关规定,利息、股息、红利所得,财产转让所得和偶然所得,适用 20% 的比例税率。　　　　　　　　　　　　　　　　　　　(　)

8. 在计算个人所得税时,利息、股息、红利所得以个人每次取得的收入额为应纳税所得额,不得从收入额中扣除任何费用。　　　　　　　　　　　　　　(　)

9. 两个或两个以上的纳税人共同取得同一项目所得的,可以对每个人分得的收入分别减除费用,并计算各自应缴纳的税款。　　　　　　　　　　　　　　(　)

10. 纳税人及其配偶在一个纳税年度内可以同时分别享受住房贷款利息和住房租金专项附加扣除。　　　　　　　　　　　　　　　　　　　　　　　　　　(　)

11. 专项扣除、专项附加扣除和依法确定的其他扣除,以居民个人一个纳税年度的应纳税所得额为限额;一个纳税年度扣除不完的,可以结转以后年度扣除,但最长不超过 5 年。　　　　　　　　　　　　　　　　　　　　　　　　　　　　(　)

12. 根据新个人所得税法的相关规定,各项所得的计算,以人民币为单位。所得为人民币以外的货币的,按照人民币汇率中间价折合成人民币缴纳税款。　　(　)

13. 学生勤工俭学提供的服务,享受免征个人所得税的优惠。　　　　(　)

14. 个人转让自用达 2 年以上,并且是唯一的家庭居住用房取得的所得,免征个人所得税。　　　　　　　　　　　　　　　　　　　　　　　　　　　　(　)

15. 因严重自然灾害造成重大损失的,免征个人所得税。　　　　　　(　)

16. 个人从公开发行和转让市场取得的上市公司股票,持股期限在 1 个月以内(含 1 个月)的,其股息、红利所得暂免征收个人所得税。　　　　　　　　　(　)

17. 个人通过网络收购玩家的虚拟货币,加价后向他人出售取得的收入,暂免征收个人所得税。　　　　　　　　　　　　　　　　　　　　　　　　　　　(　)

18. 根据新个人所得税法的相关规定，居民个人取得综合所得，按年计算个人所得税；有扣缴义务人的，由扣缴义务人按月或者按次预扣预缴税款；需要办理汇算清缴的，应当在年度终了后 3 个月内办理汇算清缴。（   ）

19. 纳税人取得境外所得应自行办理纳税申报。（   ）

20. 扣缴义务人对纳税人的应扣未扣税款应由扣缴义务人予以补缴。（   ）

（四）计算题

1. 非居民个人汤姆在上海办公，本年 5 月受邀去深圳为甲公司的 2 名高管讲课，为期 7 天。汤姆可从甲公司获取税前劳务报酬 100 000 元，但有关交通费、食宿费等由汤姆自理，共支出 20 000 元。请计算汤姆应缴纳的个人所得税。

2. 假定某居民个人纳税人 2020 年扣除"三险一金"后共取得含税工资收入 18 万元，除住房贷款专项附加扣除外，该纳税人不享受其余专项附加扣除和税法规定的其他扣除。请计算其当年应缴纳的个人所得税。

3. 假定某居民个人纳税人为独生子女，2020 年交完社保和住房公积金后共取得税前工资收入 25 万元，劳务报酬 2 万元，稿酬 3 万元。该纳税人有两个小孩且均由其扣除子女教育专项附加，纳税人的父母健在且均已年满 60 岁。请计算其当年应缴纳的个人所得税。

4. 假定中国居民个人李某2020年在我国境内1—12月每月的税后工资为5 600元，12月31日又一次性领取年终含税奖金120 000元。请计算李某取得年终奖金应缴纳的个人所得税。

5. 假定在某外商投资企业工作的美国专家（假设为非居民纳税人），2021年3月取得由该企业发放的含税工资收入35 000元人民币，此外还从别处取得劳务报酬9 000元人民币。请计算当月其应缴纳的个人所得税。

6. 我国居民个人王某为甲外商投资企业的高级管理人员，本年度其收入情况如下：

（1）每月从雇佣单位甲外商投资企业取得税前工资、薪金收入18 000元；向乙公司转让自己的专利权的使用权，取得税前收入20 000元；受托为丙公司做工程设计，获得税前工程设计收入48 000元。

（2）取得A股股票转让收益20 000元。

（3）购物中奖获得税前奖金收入25 000元。

王某本年专项扣除、专项附加扣除和依法确定的其他扣除共计50 000元。

要求：请计算王某全年应缴纳的个人所得税。

7. 某小型运输公司系个体工商户，账证健全，2020 年 12 月取得经营收入 450 000 元，准许扣除的当月成本、费用（不含业主工资）及相关税金共计 302 000 元。1—11 月累计应纳税所得额为 123 000 元（未扣除业主费用减除标准），1—11 月累计已预缴个人所得税 30 000 元。除经营所得外，业主本人没有其他收入，并且 2020 年全年均享受赡养老人一项专项附加扣除。不考虑专项扣除和符合税法规定的其他扣除。请计算该个体工商户在 2020 年度汇算清缴时应申请的个人所得税退税额。

8. 李某于 2020 年 1 月将其自有的面积为 150 平方米的公寓按市场价出租给张某居住。李某每月取得租金收入 6 500 元，全年取得租金收入 78 000 元。请计算李某全年租金收入应缴纳的个人所得税（不考虑其他税费）。

9. 某个人建房一幢，造价 360 000 元，支付其他费用 50 000 元。该个人建成后将房屋出售，售价 600 000 元，在售房过程中按规定支付交易费等相关税费 35 000 元。请计算其应缴纳的个人所得税。

10. 中国公民王先生为国内某企业员工，2020 年度取得的收入如下：

（1）每月取得工资收入 7 200 元。

（2）5 月参加某商场组织的有奖销售活动，中奖所得共计 20 000 元，其中将 10 000 元通过教育部门捐赠给农村义务教育。

（3）6 月将自有的一项非职务专利技术提供给境外某公司使用，一次性取得特许权使用费收入 60 000 元，该项收入已在境外缴纳个人所得税 6 000 元。

（4）7 月转让 2019 年购入的房屋，取得收入 780 000 元，已知该房屋的买价为 500 000 元，购入和转让过程中发生税费 120 000 元。

要求：

（1）请计算王先生 2020 年度工资、薪金所得应预扣预缴的个人所得税。

（2）请计算王先生中奖所得应缴纳的个人所得税。

（3）请计算王先生提供专利技术所得在我国应补缴的个人所得税。

（4）请计算王先生转让房产应缴纳的个人所得税。

三、习题参考答案

（一）单项选择题

1. 【答案】C

2. 【答案】B

【解析】除国务院财政、税务主管部门另有规定外，下列所得，不论支付地点是否在中国境内，均为来源于中国境内的所得：（1）因任职、受雇、履约等在中国境内提供劳务取得的所得；（2）将财产出租给承租人在中国境内使用而取得的所得；（3）许可各种特许权在中国境内使用而取得的所得；（4）转让中国境内的不动产等财产或者在中国境内转让其他财产取得的所得；（5）从中国境内企业、事业单位、其他组织及居民个人取得的利息、股息、红利所得。因此，选项 ACD 属于来源于中国境内的所得，选项 B 不属于来源于中国境内的所得。

3. 【答案】B

4. 【答案】C

【解析】选项 A：个人兼职取得的收入，按照"劳务报酬所得"项目征收个人所得税；选项 B：个人因从事彩票代销业务而取得的所得，按照"经营所得"项目征收个人所得税；选项 D：独生子女补贴和差旅费津贴不属于工资、薪金所得。

5. 【答案】B

【解析】选项 A：按照"财产转让所得"项目缴纳个人所得税；选项 C：按照"偶然所得"项目缴纳个人所得税；选项 D：按照"稿酬所得"项目缴纳个人所得税。

6. 【答案】C

7. 【答案】B

【解析】选项 A：作者去世后，财产继承人取得的遗作稿酬，按照"稿酬所得"项目计征个人所得税；选项 C：个人出租土地使用权取得的收入，按照"财产租赁所得"项目计征个人所得税；选项 D：个人文学作品、书画作品、摄影作品及其他作品以图书、报刊形式出版、发表而取得的所得，按照"稿酬所得"项目计征个人所得税。

8. 【答案】C

9. 【答案】D

【解析】中国税法规定的住所标准和居住时间标准，是判定居民身份的两个并列标准，个人只需要符合或达到其中任何一个标准，就可以被认定为居民纳税人。

10. 【答案】A

11. 【答案】A

12.【答案】B

【解析】子女教育、继续教育、住房贷款利息或住房租金、赡养老人支出,自符合条件开始,可以向支付工资、薪金所得的扣缴义务人提供相关信息,由扣缴义务人在预扣预缴税款时,按其在本单位本年可享受的累计扣除额办理扣除,也可以在次年3月1日至6月30日内向汇缴地主管税务机关办理汇算清缴申报时扣除。

13.【答案】B

【解析】个体工商户的下列支出不得扣除:个人所得税税款;税收滞纳金;罚金、罚款和被没收财物的损失;不符合扣除规定的捐赠支出;赞助支出;用于个人和家庭的支出;与取得生产经营收入无关的其他支出;国家税务总局规定不准扣除的支出。

14.【答案】B

15.【答案】C

16.【答案】B

【解析】选项A:按照"利息、股息、红利所得"项目缴纳个人所得税;选项B:属于暂免征收个人所得税项目;选项C:按照"偶然所得"项目缴纳个人所得税;选项D:本单位自行规定发给的补贴、津贴,按照"工资、薪金所得"项目缴纳个人所得税。

17.【答案】C

【解析】选项A:属于工资、薪金所得;选项B:属于特许权使用费所得;选项D:属于利息、股息、红利所得。

18.【答案】C

【解析】选项A:免征个人所得税;选项B:下列津贴、补贴不属于"工资、薪金所得"项目征税范围,不征收个人所得税,包括独生子女补贴,执行公务员工资制度未纳入基本工资总额的补贴、津贴和家属成员的副食品补贴,托儿补助费,差旅费津贴、误餐补助;选项C:按照"劳务报酬所得"项目缴纳个人所得税;选项D:按照国家规定范围和标准缴纳的基本养老保险、基本医疗保险、失业保险和住房公积金属于专项扣除项目。

19.【答案】D

【解析】选项A:稿酬所得属于应税收入;选项B:除离退休人员按规定领取离退休工资或养老金外,另从原任职单位取得的各类补贴、奖金、实物,不属于免税项目,应按"工资、薪金所得"项目缴纳个人所得税;选项C:有奖销售应当按照"偶然所得"项目缴纳个人所得税;选项D:按照国家统一规定发给干部、职工的安家费、退职费、基本养老金或者退休费、离休费、离休生活补助费,免征个人所得税。

20.【答案】B

【解析】在中国境内无住所的个人,在中国境内居住累计满183天的年度连续不满

6年的，经向主管税务机关备案，其来源于中国境外且由境外单位或者个人支付的所得，免予缴纳个人所得税。

21.【答案】D

22.【答案】A

【解析】需要办理汇算清缴的纳税人，应当在取得所得的次年3月1日至6月30日，向任职、受雇单位所在地主管税务机关办理纳税申报。

23.【答案】C

24.【答案】C

25.【答案】D

（二）多项选择题

1.【答案】ABCD

2.【答案】ABD

【解析】非居民纳税人只就其来源于中国境内的所得向我国政府履行有限纳税义务。除国务院财政、税务主管部门另有规定外，下列所得，不论支付地点是否在中国境内，均为来源于中国境内的所得：(1)因任职、受雇、履约等在中国境内提供劳务取得的所得；(2)将财产出租给承租人在中国境内使用而取得的所得；(3)许可各种特许权在中国境内使用而取得的所得；(4)转让中国境内的不动产等财产或者在中国境内转让其他财产取得的所得；(5)从中国境内企业、事业单位、其他组织及居民个人取得的利息、股息、红利所得。因此，选项ABD属于来源于中国境内的所得，非居民纳税人应依法缴纳个人所得税。

3.【答案】BC

【解析】选项A：个人在公司任职、受雇，同时兼任董事、监事的，应将董事费、监事费与个人工资收入合并，统一按"工资、薪金所得"项目缴纳个人所得税；选项D：个人兼职取得的收入，应当按照"劳务报酬所得"项目缴纳个人所得税。

4.【答案】AD

【解析】选项B：工资、薪金所得建立在收入者与支付单位之间存在任职、受雇关系上，兼职所得应当按照"劳务报酬所得"项目征收个人所得税；选项C：独生子女补贴不属于"工资、薪金所得"项目；选项D：任职、受雇于报纸、杂志等单位的记者、编辑等专业人员，因在本单位的报纸、杂志上发表作品而取得的所得，属于因任职、受雇而取得的所得，应当按照"工资、薪金所得"项目征收个人所得税。

5.【答案】AD

【解析】选项B：按"财产转让所得"项目征收个人所得税；选项C：按"经营所得"项目征收个人所得税。

6. 【答案】BCD

【解析】选项 B：属于特许权使用费所得；选项 CD：属于劳务报酬所得。

7. 【答案】ABD

【解析】选项 ABD：偶然所得是指个人得奖、中奖、中彩及其他偶然性质的所得；选项 C：退休人员再任职取得的收入，在减除按税法规定的费用扣除标准后，按"工资、薪金所得"项目计征个人所得税。

8. 【答案】ABC

【解析】选项 D：按"特许权使用费所得"项目计征个人所得税。

9. 【答案】AB

【解析】我国税法规定的居民纳税人是指在中国境内有住所，或者无住所而一个纳税年度在中国境内居住累计满 183 天的个人；我国税法规定的非居民纳税人是指在中国境内无住所又不居住，或者无住所而一个纳税年度在中国境内居住不满 183 天的个人。选项 A：属于非居民纳税人；选项 B：2020 年、2021 年为两个纳税年度，乙 2020 年和 2021 年在中国境内居住时间均不满 183 天，因此乙属于非居民纳税人；选项 CD：虽然丙、丁在中国境内无住所，但丙、丁 2020 年度在中国境内居住时间均满 183 天，因此丙、丁属于居民纳税人。

10. 【答案】AC

【解析】选项 AC：适用超额累进税率；选项 BD：适用比例税率。

11. 【答案】ABCD

12. 【答案】ACD

【解析】专项附加扣除包括子女教育、继续教育、大病医疗、住房贷款利息或者住房租金、赡养老人等支出。选项 B：属于其他扣除。

13. 【答案】ABD

【解析】选项 C：在一个纳税年度内，纳税人发生的与基本医保相关的医药费用支出，扣除医保报销后个人负担（指医保目录范围内的自付部分）累计超过 15 000 元的部分，由纳税人在办理年度汇算清缴时，在 80 000 元限额内据实扣除。

14. 【答案】ACD

15. 【答案】ABCD

16. 【答案】BCD

【解析】选项 A：发票中奖 800 元以下才是免税的。

17. 【答案】ABCD

18. 【答案】ABD

【解析】选项 C：纳税人取得经营所得，按年计算个人所得税，由纳税人在月度或者季度终了后15日内,向经营管理所在地主管税务机关办理预缴纳税申报,并报送《个人所得税经营所得纳税申报表(A表)》。

19.【答案】ABD

【解析】选项C:非居民个人取得工资、薪金所得,由扣缴义务人按月或者按次代扣代缴税款,不办理汇算清缴。

20.【答案】BD

【解析】选项B:纳税人取得经营所得,按年计算个人所得税,由纳税人在月度或者季度终了后15日内向税务机关报送纳税申报表,并预缴税款,在取得所得的次年3月31日前办理汇算清缴;选项D:居民个人从中国境外取得所得的,应当在取得所得的次年3月1日至6月30日内申报纳税。

(三)判断题

1.【答案】×

【解析】"工资、薪金所得"项目中的年终加薪、劳动分红不分种类和取得情况,一律按工资、薪金所得课税。

2.【答案】×

【解析】个体工商户和从事生产经营的个人,取得的与生产经营活动无关的其他各项应税所得,应分别按照有关规定计征个人所得税。例如,个人独资企业对外投资分回的利息、股息、红利,不并入企业收入,单独作为投资者个人取得的利息、股息、红利所得,按"利息、股利、红利所得"项目计征个人所得税。

3.【答案】×

【解析】作者去世后,财产继承人取得的遗作稿酬,按"稿酬所得"项目计征个人所得税。

4.【答案】√

5.【答案】×

【解析】个人取得的财产转租收入按"财产租赁所得"项目计征个人所得税。

6.【答案】√

【解析】该新加坡公民2021年在中国境内居住累计不满183天,并且中国不是其习惯性住所,因此不是我国个人所得税的居民个人。

7.【答案】√

8.【答案】√

9.【答案】√

【解析】两个以上的个人共同取得同一项目收入的,应当对每个人取得的收入分别按照个人所得税的规定计算纳税,即按"先分、后扣、再缴"的办法计算各自应缴纳的个人所得税。

10. 【答案】×

【解析】纳税人及其配偶在一个纳税年度内不能同时分别享受住房贷款利息和住房租金专项附加扣除。

11. 【答案】×

【解析】专项扣除、专项附加扣除和依法确定的其他扣除，以居民个人一个纳税年度的应纳税所得额为限额；一个纳税年度扣除不完的，不结转以后年度扣除。

12. 【答案】√

13. 【答案】×

【解析】学生勤工俭学提供的服务，属于个人所得税应税所得，不享受免征个人所得税的优惠。

14. 【答案】×

【解析】个人转让自用达5年以上，并且是唯一的家庭生活用房取得的所得，暂免征收个人所得税。

15. 【答案】×

【解析】有下列情形之一的，可以减征个人所得税，具体幅度和期限，由省、自治区、直辖市人民政府规定，并报同级人民代表大会常务委员会备案：残疾、孤老人员和烈属的所得；因自然灾害遭受重大损失的；其他经国务院财政部门批准减税的。

16. 【答案】×

【解析】个人从公开发行和转让市场取得的上市公司股票，持股期限在1个月以内（含1个月）的，其股息、红利所得全额计入应纳税所得额征收个人所得税。

17. 【答案】×

【解析】个人通过网络收购玩家的虚拟货币，加价后向他人出售取得的收入，属于个人所得税应税所得，应按照"财产转让所得"项目计算缴纳个人所得税。

18. 【答案】×

【解析】居民个人取得综合所得，需要办理汇算清缴的，应当在取得所得的次年3月1日至6月30日内办理汇算清缴。

19. 【答案】√

【解析】根据个人所得税法的相关规定，纳税人有下列情形之一的，应按规定办理自行纳税申报：取得综合所得需要办理汇算清缴；取得应税所得没有扣缴义务人；取得应税所得扣缴义务人未扣缴税款；取得境外所得；因移居境外注销中国户籍；非居民个人在中国境内从两处以上取得工资、薪金所得；国务院规定的其他情形。

20. 【答案】×

【解析】扣缴义务人对纳税人的应扣未扣税款应由纳税人予以补缴。

(四) 计算题

1. 【答案】

(1) 汤姆劳务报酬应纳税所得额 = 100 000 × (1 − 20%) = 80 000(元)

(2) 汤姆应缴纳的个人所得税 = 80 000 × 35% − 7 160 = 20 840(元)

2. 【答案】

(1) 全年应纳税所得额 = 180 000 − 60 000 − 12 000 = 108 000(元)

(2) 应纳税额 = 108 000 × 10% − 2 520 = 8 280(元)

3. 【答案】

(1) 全年应纳税所得额 = 250 000 + 20 000 × (1 − 20%) + 30 000 × 70% × (1 − 20%) − 60 000 − 12 000 × 2 − 24 000 = 174 800(元)

(2) 应纳税额 = 174 800 × 20% − 16 920 = 18 040(元)

4. 【答案】

(1) 年终奖金适用的税率和速算扣除数为:

按 12 个月分摊后,每月的奖金 = 120 000 ÷ 12 = 10 000(元),根据工资、薪金七级超额累进税率的规定,适用的税率和速算扣除数分别为 10% 和 210 元。

(2) 年终奖金应缴纳的个人所得税为:

应纳税额 = 年终奖金收入 × 适用的税率 − 速算扣除数 = 120 000 × 10% − 210 = 11 790(元)

5. 【答案】

(1) 该非居民个人当月工资、薪金所得应纳税额 = (35 000 − 5 000) × 25% − 2 660 = 4 840(元)

(2) 该非居民个人当月劳务报酬所得应纳税额 = 9 000 × (1 − 20%) × 10% − 210 = 510(元)

6. 【答案】

(1) 本年综合所得应纳税所得额 = 18 000 × 12 + 20 000 × (1 − 20%) + 48 000 × (1 − 20%) − 60 000 − 50 000 = 160 400(元)

本年综合所得应缴纳的个人所得税 = 160 400 × 20% − 16 920 = 15 160(元)

(2) A 股股票转让收益暂不征收个人所得税

(3) 个人中奖应纳税款 = 25 000 × 20% = 5 000(元)

王某全年应缴纳的个人所得税 = 15 160 + 5 000 = 20 160(元)

7. 【答案】

纳税人取得经营所得,按年计算个人所得税,由纳税人在月度或者季度终了后 15

日内，向经营管理所在地主管税务机关办理预缴纳税申报；在取得所得的次年3月31日前，向经营管理所在地主管税务机关办理汇算清缴。因此，按照税收法律、法规和文件的规定，首先计算全年应纳税所得额，然后计算全年应纳税额，最后根据全年应纳税额和当年已预缴税额计算出当年度应补（退）税额。

（1）全年应纳税所得额 = 450 000 - 302 000 + 123 000 - 60 000 - 24 000 = 187 000（元）

（2）全年应缴纳的个人所得税 = 187 000 × 20% - 10 500 = 26 900（元）

（3）该个体工商户2020年度应申请的个人所得税退税额 = 30 000 - 26 900 = 3 100（元）

8.【答案】

财产租赁收入以每月内取得的收入为一次，按市场价出租给个人居住适用10%的税率，因此，李某每月及全年应纳税额为：

（1）每月应纳税额 = 6 500 × (1 - 20%) × 10% = 520（元）

（2）全年应纳税额 = 520 × 12 = 6 240（元）

本例在计算个人所得税时未考虑其他税费。如果对租金收入计征增值税、城市维护建设税、房产税、教育费附加等，还应先将其从税前的收入中扣除后再计算应缴纳的个人所得税。

9.【答案】

（1）应纳税所得额 = 600 000 - (360 000 + 50 000) - 35 000 = 155 000（元）

（2）应纳税额 = 155 000 × 20% = 31 000（元）

10.【答案】

（1）工资、薪金所得应预扣预缴的个人所得税 = (7 200 × 12 - 5 000 × 12) × 3% = 792（元）

（2）通过教育部门对农村义务教育的捐赠可以全额扣除，所以税前允许扣除的捐赠是10 000元。王先生中奖所得应缴纳的个人所得税 = (20 000 - 10 000) × 20% = 2 000（元）

（3）境内外综合所得应缴纳的个人所得税 = [7 200 × 12 + 60 000 × (1 - 20%) - 5 000 × 12] × 10% - 2 520 = 4 920（元）

境外综合所得个人所得税抵免限额 = 4 920 × 60 000 × (1 - 20%) ÷ [7 200 × 12 + 60 000 × (1 - 20%)] ≈ 1 757.14（元）

王先生提供专利技术所得在境外已纳税额6 000元，可以抵免个人所得税1 757.14元。

王先生提供专利技术所得在我国应补缴的个人所得税 = 0（元）

（4）王先生转让房产应缴纳的个人所得税 = (780 000 - 500 000 - 120 000) × 20% = 32 000（元）

第七章 资源和环境税法

▶▶ 一、主要内容

本章主要阐述资源和环境税法的基本政策和制度。资源和环境税法包括资源税法、土地增值税法、城镇土地使用税法和环境保护税法，主要是对因开发和利用自然资源差异而形成的级差收入发挥调节作用。

资源税是对在我国境内从事应税矿产品开采和生产盐的单位和个人课征的一种税。资源税的征税范围涵盖了所有已经发现的矿种和盐。资源税的纳税义务人是指在中华人民共和国领域及管辖的其他海域开发应税资源的单位和个人。资源税实行从价计征或者从量计征，以应税产品的销售额或者销售量为计税依据。资源税按月或者按季申报缴纳；不能按固定期限计算缴纳的，可以按次申报缴纳。纳税人应当在矿产品的开采地或者海盐的生产地缴纳资源税。

土地增值税是对有偿转让国有土地使用权及地上建筑物和其他附着物产权，取得增值收入的单位和个人征收的一种税。土地增值税的征税范围包括转让国有土地使用权及其地上建筑物和附着物。土地增值税以转让国有土地使用权、地上的建筑物及其附着物并取得收入的单位和个人为纳税人，实行四级超率累进税率，以增值额为计税依据。各省税务机关可按规定对房地产开发企业土地增值税进行清算。土地增值税的纳税人应向房地产所在地主管税务机关办理纳税申报，并在税务机关核定的期限内缴纳土地增值税。

城镇土地使用税是以国有土地或集体土地为征税对象，对拥有土地使用权的单位和个人征收的一种税。城镇土地使用税的征收范围包括在城市、县城、建制镇和工矿区内的国家所有和集体所有的土地。在城市、县城、建制镇、工矿区范围内使用土地的单位和个人，为城镇土地使用税的纳税人。城镇土地使用税采用有幅度的差别税额，以纳税人实际占用的土地面积为计税依据，土地面积计量标准为每平方米。城镇土地使用税实行按年计算、分期缴纳的征收方法，由土地所在地的税务机关负责征收，具体纳税期限由省、自治区、直辖市人民政府确定。

环境保护税是对在我国领域及管辖的其他海域直接向环境排放应税污染物的企事业单位和其他生产经营者征收的一种税。环境保护税的征收范围包括大气污染物、水污染物、固体废物和噪声四大类。环境保护税的纳税义务人是在中华人民共和国领域和中华人民共和国管辖的其他海域直接向环境排放应税污染物的企业事业单位和其他生产经营者。环境保护税实行定额税率，采用"企业申报、税务征收、环保协同、信息共享"的征管方式。

二、习题

（一）单项选择题

1. 下列产品，不应缴纳资源税的是（　　）。
   A. 林木　　　　　　　　　　B. 原油
   C. 海盐　　　　　　　　　　D. 石墨

2. 下列关于资源税的表述，正确的是（　　）。
   A. 扣缴义务人代扣代缴税款的纳税义务发生时间，为支付最后一笔货款的当天
   B. 在我国开采石油的企业，为资源税的纳税人
   C. 纳税人采取预收货款结算方式的，其纳税义务发生时间为收到预收款的当天
   D. 纳税人开采或者生产同一税目下适用不同税率的应税产品的，未分别核算或者不能准确提供不同税率应税产品的销售额或者销售数量的，从低适用税率

3. 下列各项，实行从量计征的是（　　）。
   A. 天然气　　　　　　　　　B. 原煤
   C. 原油　　　　　　　　　　D. 砂石

4. 根据资源税法的规定，纳税人既有对外销售应税产品，又有将应税产品用于除连续生产应税产品以外的其他方面的，对自用应税产品，移送时应纳资源税的计税依据是该产品的（　　）。
   A. 成本价　　　　　　　　　B. 最低价
   C. 最高价　　　　　　　　　D. 平均价

5. 根据规定，除特殊情形外，水资源税的纳税地点为（　　）。
   A. 纳税人机构所在地　　　　B. 纳税人生产经营所在地
   C. 纳税人住所所在地　　　　D. 扣缴义务人所在地

6. 下列有关土地增值税的表述，不正确的是（　　）。

A. 土地增值税的纳税义务人包括外国企业

B. 出让国有土地使用权的行为属于土地增值税征收范围

C. 对于纳税人既建造普通标准住宅，又进行其他房地产开发的，应分别核算增值额；不分别核算增值额或不能准确核算增值额的，其建造的普通标准住宅不适用免税规定

D. 对于一方出地，一方出资金，双方合作建房，建成后按比例分房自用的，暂免征收土地增值税；建成后转让的，应征收土地增值税

7. 房地产开发企业将开发的部分房地产用于（　　），不属于销售房地产，不用缴纳土地增值税。

A. 职工福利 B. 与其他单位交换非货币性资产
C. 抵偿债务 D. 办公自用

8. 下列各项，不属于土地增值税纳税人的是（　　）。

A. 与国有企业换房的外资企业 B. 合作建房后出售房产的企业
C. 转让国有土地使用权的企业 D. 将办公楼用于出租的企业

9. 下列情形，不需要按照房地产评估价格计算征收土地增值税的是（　　）。

A. 隐瞒、虚报房地产成交价的

B. 提供扣除项目金额不实的

C. 转让房地产的成交价格低于房地产评估价格，又无正当理由的

D. 转让房地产的成交价格高于房地产评估价格，又无正当理由的

10. 计算土地增值税时，纳税人如果不能按照转让房地产项目计算分摊利息支出的，其房地产开发费用按取得土地使用权所支付的金额和房地产开发成本之和的（　　）以内计算扣除。

A. 10% B. 12%
C. 15% D. 30%

11. 下列关于城镇土地使用税的说法，正确的是（　　）。

A. 公园的咖啡厅占地，免征城镇土地使用税

B. 开山填海整治的土地，从使用的月份起免缴城镇土地使用税3～5年

C. 厂区内部绿化用地不需要缴纳城镇土地使用税

D. 直接用于农、林、牧、渔业的生产用地，免征城镇土地使用税

12. 下列各项，需要缴纳城镇土地使用税的是（　　）。

A. 农副产品加工厂占地

B. 市政街道用地

C. 军队公务用地

D. 由国家财政部门拨付事业经费的单位自用的土地

13. 经省级人民政府批准,经济落后地区的城镇土地使用税适用税额标准可适当降低,但降低额不得超过规定最低税额的( )。

A. 20% B. 30%

C. 50% D. 100%

14. 下列关于城镇土地使用税的说法,不正确的是( )。

A. 凡由省级人民政府确定的单位组织测定土地面积的,以测定的土地面积为准

B. 尚未组织测量,但纳税人持有政府有关部门核发的土地使用证书的,以证书确认的土地面积为准

C. 对于纳税单位无偿使用免税单位的土地,应免征城镇土地使用税

D. 尚未核发土地使用证书的,应由纳税人据实申报土地面积,并据以纳税,待核发土地使用证书后再做调整

15. 某物流企业2020年拥有面积为12 000平方米的土地使用权,其中,10 000平方米为大宗商品仓储设施占地,该设施80%自用,20%出租;500平方米为幼儿园占地;1 500平方米为该企业生活、管理服务设施占地。当地城镇土地使用税税额标准为每平方米10元,则该企业2020年度应缴纳的城镇土地使用税为( )元。

A. 65 000 B. 35 000

C. 95 000 D. 115 000

16. 企业的排放物中包含下列物质,不需要缴纳环境保护税的是( )。

A. 一般性粉尘 B. 一氧化碳

C. 二氧化碳 D. 烟尘

17. 下列各项,不属于环境保护税征税对象的是( )。

A. 大气污染物 B. 水污染物

C. 固体废物 D. 光污染

18. 下列关于环境保护税计征的表述,错误的是( )。

A. 环境保护税实行从量计征

B. 环境保护税实行从价计征

C. 环境保护税纳税义务发生时间为纳税人排放应税污染物的当日

D. 纳税人应当向应税污染物排放地的税务机关申报缴纳环境保护税

19. 下列各项,不属于环境保护税纳税人的是( )。

A. 在我国领海从事海洋石油开发并直接向环境排放大气污染物的企业

B. 在我国城郊从事畜禽养殖并直接向环境排放固体废物的畜禽养殖场

C. 贮存或者处置固体废物符合国家和地方环境保护标准的企业事业单位

D. 在我国市区从事餐饮服务并直接向环境排放水污染物的饭店

20. 下列不属于环境保护税的计税单位的是( )。

A. 每千克指数 B. 每污染当量

C. 每吨 D. 超标分贝

（二）多项选择题

1. 按照现行资源税法的规定，下列说法正确的有( )。

A. 水资源税的纳税义务发生时间为纳税人取用水资源的当日

B. 纳税人采取分期收款结算方式的，其纳税义务发生时间为销售合同规定的收款日期的当天

C. 开采原油及在油田范围内运输原油过程中用于加热的原油、天然气，免征资源税

D. 资源税一律实行从量计征办法

2. 根据税法的规定，资源税的纳税义务人包括( )。

A. 在中国境内开采并销售煤炭的个人

B. 在中国境内生产销售天然气的外商投资企业

C. 在中国境内生产销售海盐的盐场

D. 进口应税矿产资源的外商投资企业

3. 纳税人销售应税矿产品向购买方收取的下列款项，应当计入销售额缴纳资源税的有( )。

A. 向购买方收取的不含增值税价款

B. 向购买方收取的手续费

C. 向购买方收取的包装费

D. 向购买方收取的增值税销项税额

4. 土地增值税的征税范围包括( )。

A. 有偿转让国有土地使用权 B. 有偿转让地上建筑物

C. 继承房地产 D. 出租不动产

5. 下列各种情形，不征收土地增值税的有( )。

A. 继承房地产

B. 房地产的评估增值

C. 房地产开发企业将自建的商品房用于职工福利

D. 企业将自有房产等价交换其他企业土地使用权

6. 房地产开发企业将开发产品用于下列项目的，应视同销售房地产并缴纳土地增

值税的有（　　）。

A. 将开发产品抵偿债务　　　　　B. 将开发产品奖励给职工

C. 将开发产品换取商品　　　　　D. 将开发产品分配给股东

7. 下列各项中，应缴纳土地增值税的纳税人有（　　）。

A. 与国有企业换房的某医院　　　B. 合作建房后出售房产的合作企业

C. 转让办公楼的事业单位　　　　D. 国土局出让土地使用权

8. 计算土地增值税扣除项目金额时，不得扣除的项目有（　　）。

A. 取得土地使用权所支付的金额　B. 土地征用及拆迁补偿费

C. 超过国家的有关规定上浮的利息　D. 超过贷款期限的利息部分

9. 下列各项，属于土地增值税中房地产开发成本的有（　　）。

A. 土地出让金　　　　　　　　　B. 公共配套设施费

C. 借款利息费用　　　　　　　　D. 土地征用及拆迁补偿费

10. 按照土地增值税法的相关规定，房地产开发的纳税人加计20%扣除项目的基数有（　　）。

A. 房地产开发成本　　　　　　　B. 房地产开发费用

C. 取得土地使用权所支付的金额　D. 转让房地产的税金

11. 下列各项，符合城镇土地使用税规定的有（　　）。

A. 城镇土地使用税实行按年计算、分期缴纳的征收方式

B. 纳税人使用土地不属于同一省的，由纳税人向注册地税务机关缴纳

C. 纳税单位无偿使用免税单位的土地，纳税单位应当缴纳城镇土地使用税

D. 纳税人实际占有土地但尚未核发土地使用证书，由税务机关核定计税依据

12. 下列各项，属于环境保护税征税范围且应缴纳环境保护税的有（　　）。

A. 超标的工业噪声

B. 大气污染物

C. 事业单位向依法设立的污水集中处理场所排放应税污染物

D. 固体废物

13. 应当缴纳环境保护税的应税污染物，是指《中华人民共和国环境保护税法》所附《环境保护税税目税额表》和《应税污染物和当量值表》规定的（　　）。

A. 大气污染物　　　　　　　　　B. 水污染物

C. 固体废物　　　　　　　　　　D. 噪声

14. 环境保护税的计税单位有（　　）。

A. 每污染当量　　　　　　　　　B. 每吨

C. 每立方米　　　　　　　　　　D. 超标分贝

15. 下列污染物按照污染物排放量折合的污染当量数确定环境保护税计税依据的有（　　）。
   A. 大气污染物　　　　　　　　B. 固体废物
   C. 水污染物　　　　　　　　　D. 噪声

16. 关于环境保护税的征收管理规定，下列说法正确的有（　　）。
   A. 纳税义务发生时间为纳税人排放应税污染物的当日
   B. 纳税人应当向机构所在地的税务机关申报缴纳环境保护税
   C. 环境保护税按月计算，按季申报缴纳
   D. 纳税人按季申报缴纳的，应当自季度终了之日起 15 日内，向税务机关办理纳税申报并缴纳税款

（三）判断题

1. 进口应税矿产品和盐不征收资源税，出口应税资源免征或退还已纳资源税。
（　　）

2. 纳税人以外购的液体盐加工固体盐，其加工固体盐所耗用液体盐的已纳资源税税款准予抵扣。（　　）

3. 纳税人以应税产品用于连续生产非应税产品、投资、利润分配、偿债、捐赠、职工福利等，应视同销售缴纳资源税。（　　）

4. 水资源税的纳税义务发生时间为纳税人取用水资源的次日。（　　）

5. 对于以房地产抵债而发生房地产权属转让的，应列入土地增值税的征税范围。
（　　）

6. 企业无论是专营还是兼营房地产业务，只要其有偿出售房地产，就是土地增值税的纳税人。（　　）

7. 土地增值税的税率以转让房地产的增值率高低为依据，按照累进原则设计，实行分级计税。增值率高的，适用税率高，多纳税；增值率低的，适用税率低，少纳税。
（　　）

8. 根据土地增值税的规定，对于个人购入房地产再转让按发票所载金额并从购买年度起至转让年度止每年加计 5% 计算的，对其在购入时已缴纳的契税，准予作为"转让房地产有关的税金"予以扣除。（　　）

9. 房地产开发企业开发建造的与清算项目配套的公共设施，建成后产权属于全体业主所有的，在计算土地增值税时不计算收入，其成本、费用也不得扣除。（　　）

10. 土地增值税的征税范围包括转让地上的建筑物，地上的建筑物是指建于土地上的一切建筑物，只包括地上的，不包括地下的各种附属设施。（　　）

11. 纳税人建造普通标准住宅出售，增值额未超过扣除项目金额 20% 的，予以免

税；超过20%的，应按超过部分增值额缴纳土地增值税。（   ）

12. 土地增值税由房地产所在地的税务机关负责征收。（   ）

13. 城镇土地使用税的征税范围是市区、县政府所在城镇的土地，不包括市郊、农村土地。（   ）

14. 城镇土地使用税采用有幅度的差别税额，按大、中、小城市和县城、建制镇、工矿区分别规定每平方米城镇土地使用税年税额。（   ）

15. 国家机关、人民团体、军队自用的土地免缴城镇土地使用税。（   ）

16. 企业事业单位和其他生产经营者在符合国家和地方环境保护标准的设施、场所贮存或者处置固体废物的，需要缴纳环境保护税。（   ）

17. 纳税人篡改、伪造污染物监测数据的情况下，计征环境保护税的计税依据应为当期污染物折合的污染当量数确定。（   ）

18. 应税大气污染物、水污染物、固体废物的排放量和噪声的分贝数，首先应该按照省、自治区、直辖市人民政府环境保护主管部门规定的抽样测算的方法核定计算。（   ）

19. 环境保护税的纳税义务发生时间为纳税人排放应税污染物的当日。（   ）

20. 纳税人排放应税大气污染物或者水污染物的浓度值低于国家和地方规定的污染物排放标准30%的，免征环境保护税。（   ）

（四）计算题

1. 某油田2021年3月销售原油3 000吨，开具的增值税专用发票上注明销售额为15 000万元、增值税税额为1 950元，按《资源税税目税率表》的规定，其适用的税率为6%。请计算该油田3月应缴纳的资源税。

2. 某油田10月开采原油6.5万吨，当月销售4万吨，取得不含税收入16 000万元；将1.5万吨用于加工成品油，其余1万吨转入库存待销售。已知原油资源税税率为6%。请计算该油田10月应缴纳的资源税。

3. 某砂石开采企业 2021 年 3 月销售砂石 5 000 立方米，资源税税率为 3 元/立方米。请计算该砂石开采企业 3 月应缴纳的资源税。

4. 某矿山企业开采铝土矿和铅锌矿，10 月该矿山企业销售铝土矿原矿 15 万吨、铅锌矿精矿 10 万吨。铝土矿原矿不含税单价每吨为 150 元，铅锌矿精矿不含税单价每吨为 16 500 元。已知铝土矿原矿资源税税率为 6%、铅锌矿精矿资源税税率为 5%。请计算该矿山企业 10 月应缴纳的资源税。

5. 位于山西省的某水资源开采企业，10 月利用设施直接取用地表水，实际取用水量为 30 000 立方米，对外销售水量为 28 000 立方米。取水口所在地的税额标准为每立方米 0.6 元。请计算该水资源开采企业 10 月应缴纳的资源税。

6. 假定某房地产开发公司转让商品房一栋，取得的收入总额为 1 000 万元，应扣除的购买土地的金额、开发成本的金额、开发费用的金额、相关税金的金额及其他扣除的金额合计为 400 万元。请计算该房地产开发公司应缴纳的土地增值税。

7. 某房地产开发公司销售一幢已经使用过的办公楼，取得收入500万元，办公楼原价480万元，已提折旧300万元。经房地产评估机构评估，该楼重置成本为800万元，成新度折扣率为五成，销售时缴纳相关税费30万元。请计算该房地产开发公司销售办公楼应缴纳的土地增值税。

8. 设在某城市的一家企业使用土地面积5 000平方米，经税务机关核定，该土地为应税土地，每平方米年税额为5元。请计算其全年应缴纳的城镇土地使用税。

9. 某市公园实际占用土地面积40 000平方米，其中供公共参观游览用地28 000平方米，公园内附设影剧院用地5 000平方米，附设饮食部、照相馆用地各2 000平方米，公园管理单位办公用地3 000平方米。已知当地城镇土地使用税的年税额为10元/平方米。请计算该公园每年应缴纳的城镇土地使用税。

10. 某律师事务所与政府机关因各自办公需要，共同购买了一栋办公楼。该办公楼的占地面积为10 000平方米，建筑面积为40 000平方米，楼高10层，政府机关占用7层，律师事务所占用3层。该楼所在地的城镇土地使用税的年税额为10元/平方米。请计算该律师事务所与政府机关应缴纳的城镇土地使用税。

11. 某企业 2021 年 3 月向水体直接排放第一类水污染物总汞 10 千克，根据第一类水污染物污染当量值表，总汞的污染当量值为 0.000 5 千克。请计算该企业的污染当量数。

12. 某企业 2021 年 3 月向大气直接排放二氧化硫、氟化物各 100 千克，一氧化碳 200 千克，氯化氢 80 千克，假设当地大气污染物每污染当量税额为 1.2 元，该企业只有一个排放口。请计算该企业应缴纳的环境保护税。

13. 甲化工厂是环境保护税纳税人，该厂仅有 1 个污水排放口且直接向河流排放污水，已安装使用符合国家规定和监测规范的污染物自动监测设备。检测数据显示，该排放口 2021 年 3 月共排放污水 6 万吨（折合 6 万立方米），应税污染物为六价铬，浓度为 0.5mg/L。请计算甲化工厂 3 月应缴纳的环境保护税（该厂所在省的水污染物税额为 2.8 元/污染当量，六价铬的污染当量值为 0.02 千克）。

14. 某养殖场 2021 年 3 月养牛存栏量为 500 头，污染当量值为 0.1 头，假设当地水污染物适用税额为每污染当量 2.8 元。请计算该养殖场 3 月应缴纳的环境保护税。

15. 某餐饮公司通过安装水流量计测得2021年3月排放污水量为60吨,污染当量值为0.5吨。假设当地水污染物适用税额为每污染当量2.8元。请计算该餐饮公司3月应缴纳的环境保护税。

16. 某县医院有床位56张,每月按时消毒,无法计量月污水排放量,污染当量值为0.14床,假设当地水污染物适用税额为每污染当量2.8元。请计算该县医院当月应纳缴的环境保护税。

17. 假设某企业2021年3月产生尾矿1 000吨,其中综合利用尾矿300吨(符合国家相关规定),在符合国家和地方环境保护标准的设施贮存尾矿300吨。请计算该企业3月尾矿应缴纳的环境保护税。

18. 假设某工业企业只有一个生产场所,只在昼间生产,厂界外声环境功能区类别为1类,生产时产生噪声为60分贝,《工业企业厂界环境噪声排放标准》规定1类功能区昼间的噪声排放限值为55分贝,当月超标天数为18天。请计算该工业企业当月噪声污染应缴纳的环境保护税。

第七章 资源和环境税法

▶▶ 三、习题参考答案

（一）单项选择题

1. 【答案】A

2. 【答案】B

【解析】选项A：扣缴义务人代扣代缴税款的纳税义务发生时间，为支付首笔货款或者开具应支付货款凭据的当天；选项C：纳税人采取预收货款结算方式的，其纳税义务发生时间为发出应税产品的当天；选项D：纳税人开采或者生产同一税目下适用不同税率的应税产品的，未分别核算或者不能准确提供不同税率应税产品的销售额或者销售数量的，从高适用税率。

3. 【答案】D

【解析】资源税绝大多数都从价计征，但是砂石的税率是1%~5%或者每吨（或者每立方米）0.1~5元。

4. 【答案】D

5. 【答案】B

【解析】除特殊情形外，纳税人应当向生产经营所在地的税务机关申报缴纳水资源税。

6. 【答案】B

【解析】出让国有土地使用权的行为不属于土地增值税征收范围。

7. 【答案】D

【解析】房地产开发企业开发的部分房地产转为企业自用或用于出租等商业用途时，产权未发生转移，不征收土地增值税。

8. 【答案】D

【解析】出租房产，产权并没有发生转移，不缴纳土地增值税。

9. 【答案】D

10. 【答案】A

11. 【答案】D

【解析】选项A：咖啡厅属于经营用地，需要缴纳城镇土地使用税；选项B：开山填海整治的土地，从使用的月份起免缴城镇土地使用税5~10年；选项C：对企业厂区以外的公共绿化用地和向社会开放的公园用地，暂免征收城镇土地使用税。

12. 【答案】A

【解析】选项BCD：免征城镇土地使用税。

13. 【答案】B

14. 【答案】C

【解析】对于纳税单位无偿使用免税单位的土地，纳税单位应照章缴纳城镇土地使用税。

15. 【答案】A

【解析】对于物流企业自有（包括自用和出租）的大宗商品仓储设施用地，减按土地等级适用税额标准的50%计征城镇土地使用税。幼儿园用地免征城镇土地使用税。物流企业的办公、生活区用地及其他非直接从事大宗商品仓储的用地，不属于优惠范围。

应缴纳的城镇土地使用税 = 10 000 × 10 × 50% + 1 500 × 10 = 65 000（元）

16. 【答案】C

17. 【答案】D

【解析】环境保护税的征税对象为应税污染物，是《中华人民共和国环境保护税法》所附《环境保护税税目税额表》和《应税污染物和当量值表》规定的大气污染物、水污染物、固体废物和噪声。

18. 【答案】B

19. 【答案】C

【解析】选项C：企业事业单位和其他生产经营者贮存或者处置固体废物不符合国家和地方环境保护标准的，应当缴纳环境保护税；符合国家和地方环境保护标准的，不缴纳环境保护税。

20. 【答案】A

【解析】环境保护税的计税单位包括每污染当量、每吨、超标分贝。

（二）多项选择题

1. 【答案】ABC

【解析】资源税实行从价定率和从量定额的计征办法。

2. 【答案】ABC

【解析】进口环节不征收资源税，所以进口应税矿产资源的外商投资企业不是资源税的纳税义务人。

3. 【答案】ABC

【解析】销售额是指纳税人销售应税矿产品向购买方收取的全部价款和价外费用，但不包括收取的增值税销项税额。选项BC属于价外费用，应计入销售额。

4. 【答案】AB

5. 【答案】AB

【解析】选项C：将自建商品房用于职工福利是视同销售，要征收土地增值税；选项D：企业之间换房应征收土地增值税。

6.【答案】ABCD

【解析】房地产开发企业将开发产品用于职工福利、奖励、对外投资、分配给股东或投资人、抵偿债务、换取其他单位和个人的非货币性资产等，发生所有权转移时应视同销售房地产，按照规定缴纳土地增值税。

7.【答案】ABC

【解析】选项D：国有土地使用权出让不征收土地增值税。

8.【答案】CD

【解析】财政部、国家税务总局对扣除项目金额中利息支出的计算做了专门规定：利息的上浮幅度按国家有关规定执行，超过上浮幅度部分不允许扣除；对于超过贷款期限的利息部分不允许扣除。

9.【答案】BD

【解析】房地产开发成本是指纳税人开发房地产项目实际发生的成本，包括土地征用及拆迁补偿费、前期工程费、建筑安装工程费、基础设施费、公共配套设施费、开发间接费用等。土地出让金属于取得土地使用权支付的金额。借款利息费用属于房地产开发费用。

10.【答案】AC

11.【答案】AC

【解析】选项B：纳税人使用的土地不属于同一省（自治区、直辖市）管辖范围的，应由纳税人分别向土地所在地的税务机关缴纳城镇土地使用税；选项D：尚未核发土地使用证书的，应由纳税人申报土地面积，据以纳税，待核发土地使用证书后再做调整。

12.【答案】ABD

【解析】选项C：企业事业单位和其他生产经营者向依法设立的污水集中处理、生活垃圾集中处理场所排放应税污染物，不属于直接向环境排放污染物，不缴纳相应污染物的环境保护税。

13.【答案】ABCD

14.【答案】ABD

【解析】环境保护税的计税单位包括每污染当量、每吨、超标分贝。

15.【答案】AC

【解析】应税污染物的计税依据，按照下列方法确定：（1）应税大气污染物按照污染物排放量折合的污染当量数确定；（2）应税水污染物按照污染物排放量折合的污染当量数确定；（3）应税固体废物按照固体废物的排放量确定；（4）应税噪声按照超过国家规定标准的分贝数确定。

16.【答案】ACD

【解析】选项B：纳税人应当向应税污染物排放地的税务机关申报缴纳环境保护税。

（三）判断题

1.【答案】×

【解析】进口应税矿产品和盐不征收资源税，出口应税资源不免征或退还已纳资源税。

2.【答案】√

3.【答案】√

4.【答案】×

【解析】水资源税的纳税义务发生时间为纳税人取用水资源的当日。

5.【答案】√

6.【答案】√

7.【答案】√

8.【答案】√

9.【答案】×

【解析】房地产开发企业开发建造的与清算项目配套的公共设施，建成后产权属于全体业主所有的，不计算收入，其成本、费用可以扣除。

10.【答案】×

【解析】地上的建筑物包括地上、地下的各种附属设施。

11.【答案】×

【解析】纳税人建造普通标准住宅出售，增值额未超过扣除项目金额20%的，免征土地增值税；超过20%的，应按全部增值额缴纳土地增值税。

12.【答案】√

13.【答案】×

【解析】城镇土地使用税的征税范围是在城市、县城、建制镇、工矿区内的国家和集体所有的土地。

14.【答案】√

15.【答案】√

16.【答案】×

【解析】有下列情形之一的，不属于直接向环境排放污染物，不缴纳相应污染物的环境保护税：（1）企业事业单位和其他生产经营者向依法设立的污水集中处理、生活垃圾集中处理场所排放应税污染物的；（2）企业事业单位和其他生产经营者在符合国家和地方环境保护标准的设施、场所贮存或者处置固体废物的。

17. 【答案】×

【解析】纳税人篡改、伪造污染物监测数据的，计征环境保护税的计税依据应为当期应税污染物的生产量作为污染物的排放量。

18. 【答案】×

【解析】确定应税大气污染物、水污染物、固体废物的排放量和噪声的分贝数的计算方法顺序，纳税人安装使用符合国家规定和监测规范的污染物自动监测设备的，按照污染物自动监测数据计算。

19. 【答案】√

20. 【答案】×

【解析】纳税人排放应税大气污染物或者水污染物的浓度值低于国家和地方规定的污染物排放标准30%的，减按75%征收环境保护税。

（四）计算题

1. 【答案】

该油田3月应缴纳的资源税 = 15 000 × 6% = 900（万元）

2. 【答案】

成品油不属于资源税应税产品，将开采的原油用于加工成品油，视同销售缴纳资源税。该油田10月应缴纳的资源税 = (4 + 1.5) × 16 000 ÷ 4 × 6% = 1 320（万元）。

3. 【答案】

该砂石开采企业3月应缴纳的资源税 = 5 000 × 3 = 15 000（元）

4. 【答案】

该矿山企业10月应缴纳的资源税 = 15 × 150 × 6% + 10 × 16 500 × 5% = 8 385（万元）

5. 【答案】

该水资源开采企业10月应缴纳的资源税 = 30 000 × 0.6 = 18 000（元）

6. 【答案】

（1）首先计算增值额：

增值额 = 1 000 − 400 = 600（万元）

（2）然后计算增值额与扣除项目金额的比率：

增值额与扣除项目金额的比率 = 600 ÷ 400 × 100% = 150%

根据上述计算方法，增值额超过扣除项目金额100%、未超过200%时，其适用的税率为50%、速算扣除系数为15%。

（3）最后计算该房地产开发公司应缴纳的土地增值税：

应缴纳的土地增值税 = 600×50% − 400×15% = 240(万元)

7.【答案】

(1) 扣除项目金额 = 800×50% + 30 = 430(万元)

(2) 增值额 = 500 − 430 = 70(万元)

(3) 增值率 = 70÷430×100% ≈ 16.28%，适用税率为30%

(4) 应缴纳的土地增值税 = 70×30% = 21(万元)

8.【答案】

全年应缴纳的城镇土地使用税 = 5 000×5 = 25 000(元)

9.【答案】

公园内供公共参观游览的用地及其管理单位的办公用地，免征城镇土地使用税；公园中附设的营业场所，如影剧院、饮食部、茶社、照相馆等用地，应征收城镇土地使用税。

该公园每年应缴纳的城镇土地使用税 = (40 000 − 28 000 − 3 000)×10 = 90 000(元)

10.【答案】

由于政府机关自用土地免征城镇土地使用税，而征税单位与免税单位共同使用共有土地使用权的高层建筑，按各自占用建筑面积占总面积的比例来划分免税界线，城镇土地使用税的计税依据是占地面积，所以该律师事务所与该政府机构共计应缴纳的城镇土地使用税为：0 + 10 000×3/10×10 = 30 000(元)。

11.【答案】

该企业的污染当量数 = 10/0.000 5 = 20 000

12.【答案】

(1) 第一步：计算各污染物的污染当量数。

污染当量数 = 该污染物的排放量÷该污染物的污染当量值

据此计算各污染物的污染当量数为：

二氧化硫污染当量数 = 100/0.95 ≈ 105.26

氟化物污染当量数 = 100/0.87 ≈ 114.94

一氧化碳污染当量数 = 200/16.7 ≈ 11.98

氯化氢污染当量数 = 80/10.75 ≈ 7.44

(2) 第二步：按污染当量数排序。

氟化物污染当量数（114.94）＞二氧化硫污染当量数（105.26）＞一氧化碳污染当量数（11.98）＞氯化氢污染当量数（7.44）

该企业只有一个排放口，排序后选取前三项污染物为：氟化物、二氧化硫、一氧化碳。

(3) 第三步：计算该企业应缴纳的环境保护税。

该企业应缴纳的环境保护税 = (114.94 + 105.26 + 11.98) × 1.2 ≈ 278.62(元)

13．【答案】

(1) 计算污染当量数：

六价铬污染当量数 = 排放总量 × 浓度值 ÷ 当量值 = 60 000 000 × 0.5 ÷ 1 000 000 ÷ 0.02 = 1 500

(2) 甲化工厂 3 月应缴纳的环境保护税 = 1 500 × 2.8 = 4 200(元)

14．【答案】

(1) 水污染物当量数 = 500 ÷ 0.1 = 5 000

(2) 该养殖场 3 月应缴纳的环境保护税 = 5 000 × 2.8 = 14 000(元)

15．【答案】

(1) 水污染物当量数 = 60 ÷ 0.5 = 120

(2) 该餐饮公司 3 月应缴纳的环境保护税 = 120 × 2.8 = 336(元)

16．【答案】

(1) 水污染物当量数 = 56 ÷ 0.14 = 400

(2) 该县医院当月应缴纳的环境保护税 = 400 × 2.8 = 1 120(元)

17．【答案】

该企业 3 月尾矿应缴纳的环境保护税 = (1 000 − 300 − 300) × 15 = 6 000(元)

18．【答案】

(1) 超标分贝数 = 60 − 55 = 5(分贝)

(2) 根据《环境保护税税目税额表》，可得出该工业企业当月噪声污染应缴纳的环境保护税为 700 元

第八章 特定目的税法

▶▶ 一、主要内容

本章主要阐述特定目的税法的基本政策和制度。特定目的税法包括城市维护建设税法、车辆购置税法、耕地占用税法和烟叶税法，主要是为了达到特定目的，对特定对象和特定行为发挥调节作用。

城市维护建设税是对从事经营活动，缴纳增值税、消费税的单位和个人征收的一种税。城市维护建设税的纳税义务人是指在中华人民共和国境内缴纳增值税、消费税的单位和个人。按纳税人所在地的不同，城市维护建设税设置了三档地区差别比例税率。城市维护建设税以纳税人实际缴纳的增值税、消费税税额为计税依据，分别与增值税、消费税同时缴纳。城市维护建设税的纳税期限分别与增值税、消费税的纳税期限一致。教育费附加和地方教育附加是对缴纳增值税、消费税的单位和个人，就其实际缴纳的税额为计算依据按比例征收的一种附加费。

车辆购置税是对在中华人民共和国境内购置车辆者征收的一种税。车辆购置税以列举的车辆作为征税对象，未列举的车辆不纳税。其征税范围包括汽车、摩托车、电车、挂车和农用运输车，纳税人为在中华人民共和国境内购置应税车辆的单位和个人。车辆购置税实行统一比例税率，以应税车辆的计税价格为计税依据，实行从价定率的方法计算应纳税额。纳税人应当在向公安机关交通管理部门办理车辆注册登记前，缴纳车辆购置税。

耕地占用税是对占用耕地建房或从事其他非农业建设的单位和个人，就其实际占用的耕地面积征收的一种税。耕地占用税以在中华人民共和国境内占用耕地建设建筑物、构筑物或者从事非农业建设的单位和个人为纳税人，以其实际占用的应税土地面积为计税依据，以每平方米土地为计税单位，按适用的定额税率计税。耕地占用税对占用耕地实行一次性征收。

烟叶税是以纳税人收购烟叶的收购金额为计税依据征收的一种税。在中华人民共和国境内，依照《中华人民共和国烟草专卖法》的规定收购烟叶的单位为烟叶税的纳税人。烟叶税的征税范围是指晾晒烟叶、烤烟叶。烟叶税以纳税人收购烟叶实际支付的价款总额作为计税依据，实行比例税率计算应纳税额。纳税人收购烟叶，应当向烟叶收购地的主管税务机关申报缴纳烟叶税。

二、习题

（一）单项选择题

1. 下列对城市维护建设税的表述，不正确的是(　　)。
   A. 城市维护建设税是一种附加税
   B. 税款专门用于城市的公用事业和公用设施的维护与建设
   C. 外商投资企业和外国企业应缴纳城市维护建设税
   D. 海关对进口产品代征增值税、消费税和城市维护建设税

2. 纳税人所在地为市区的，城市维护建设税的税率为(　　)。
   A. 1%　　　　　　　　　　　　B. 3%
   C. 5%　　　　　　　　　　　　D. 7%

3. 设在市区的甲企业按税法规定代扣代缴设在县城的乙企业的消费税，则下列处理正确的是(　　)。
   A. 由甲企业按5%的税率代收代缴城市维护建设税
   B. 由乙企业按5%的税率回所在地缴纳城市维护建设税
   C. 由甲企业按7%的税率代收代缴城市维护建设税
   D. 由乙企业按7%的税率回所在地缴纳城市维护建设税

4. 城市维护建设税与教育费附加的计税依据是(　　)。
   A. 增值税、消费税的计税依据
   B. 印花税、增值税的计税依据
   C. 纳税人实际缴纳的增值税、消费税税额之和
   D. 纳税人实际缴纳的增值税、车船税税额之和

5. 下列关于教育费附加的说法，正确的是(　　)。
   A. 某公司应缴纳增值税30万元，实际缴纳增值税20万元，该公司应以30万元为计征依据缴纳教育费附加
   B. 某公司因减免消费税而发生消费税退税30万元，不能同时退还已征收的教育费

附加

C. 某公司进口铁矿石缴纳增值税 30 万元，应同时按 3% 缴纳教育费附加

D. 某公司出口电视机已退还增值税 60 万元，但已缴纳的教育费附加不予退还

6. 根据车辆购置税法的有关规定，下列说法不正确的是(   )。

A. 车辆购置税实行定额税率

B. 车辆购置税的纳税义务发生时间为纳税人购置应税车辆的当日

C. 需要办理车辆登记注册手续的纳税人，向车辆登记地的主管税务机关申报纳税

D. 不需要办理车辆登记注册手续的单位纳税人，向其机构所在地的主管税务机关申报纳税

7. 某汽车生产企业发生的下列行为，需要计算缴纳车辆购置税的是(   )。

A. 销售自产的小汽车

B. 将自产的小汽车赠送给股东王某

C. 从拍卖会上通过拍卖取得一辆小汽车自用

D. 进口小汽车用于抵偿债务

8. 下列关于车辆购置税的说法，正确的是(   )。

A. 进口自用应税小汽车的计税价格为关税完税价格

B. 进口自用应税小汽车的计税价格为组成计税价格，包括关税完税价格、关税和消费税

C. 购买自用应税小汽车的计税价格包括增值税税款

D. 进口自用应税小汽车的计税价格不包括消费税

9. 纳税人自产自用的应税车辆的计税价格是(   )。

A. 纳税人同类型新车的平均销售价格

B. 组成计税价格

C. 由主管税务机关参照国家税务总局规定的最低计税价格核定

D. 纳税人同类型新车的最高销售价格

10. 2021 年 10 月，甲企业从某拍卖公司通过拍卖购进两辆轿车自用，其中一辆是未上牌照的新车，相关凭证上载明不含税成交价 60 000 元，另一辆是已使用 6 年的轿车，不含税成交价 50 000 元（原车主取得了完税证明）。甲企业应缴纳车辆购置税(   )元。

A. 6 000   B. 5 000
C. 11 000   D. 0

11. 纳税人购买自用应税车辆的，应当自购买之日起(   )日内申报缴纳车辆购置税。

A. 30 B. 45
C. 60 D. 90

12. 占用基本农田的,应当按照当地适用的耕地占用税税额,加按( )征收。

A. 30% B. 50%
C. 100% D. 150%

13. 在人均耕地低于0.5亩的地区,省、自治区、直辖市可以根据当地经济发展情况,适当提高耕地占用税的适用税额,但提高的部分不得超过规定的适用税额的( )。

A. 10% B. 30%
C. 40% D. 50%

14. 下列各项,按照当地适用税额减半征收耕地占用税的是( )。

A. 农村居民占用耕地新建住宅 B. 部队占用耕地新建军用仓库
C. 政府部门占用耕地新建自来水厂 D. 学校占用耕地新建教学楼

15. 对于下列耕地占用情况,属于免征耕地占用税的是( )。

A. 建厂房占用鱼塘 B. 高尔夫球场占用耕地
C. 医院占用耕地 D. 商品房建设占用林地

16. 根据《中华人民共和国烟叶税法》的规定,我国烟叶税的税率为( )。

A. 7% B. 10%
C. 20% D. 30%

17. 烟叶税的纳税义务发生时间为纳税人收购烟叶的当日。"收购烟叶的当日"是指( )。

A. 向烟叶销售者付讫收购烟叶运输费用的当日
B. 支付给烟叶销售者价外补贴的当日
C. 支付给烟叶销售者烟叶收购价款的当日
D. 向烟叶销售者付讫收购烟叶款项或开具收购烟叶凭据的当日

18. 根据现行烟叶税法的规定,下列说法正确的是( )。

A. 烟叶税实行定额税率
B. 烟叶税的纳税地点为烟叶收购地
C. 烟叶税的纳税人是销售烟叶的单位
D. 烟叶税按月计征,纳税人应当于纳税义务发生月终了之日起30日内申报并缴纳税款

(二)多项选择题

1. 单位或个人发生的下列行为,在缴纳相关税金时,无须缴纳城市维护建设税的

是( )。

 A. 民营企业销售货物   B. 个人取得工资、薪金收入

 C. 企业购置车辆   D. 个人购买住房

2. 下列各项,属于城市维护建设税纳税人的有( )。

 A. 实际缴纳增值税的民营企业   B. 实际缴纳增值税的股份制企业

 C. 实际缴纳消费税的国有企业   D. 实际缴纳消费税的个体工商户

3. 城市维护建设税按纳税人所在地的不同,设置了地区差别比例税率,包括( )。

 A. 1%   B. 3%

 C. 5%   D. 7%

4. 下列表述正确的是( )。

 A. 纳税人因违反增值税、消费税的有关规定而被加收的滞纳金和罚款,不作为城市维护建设税的计税依据

 B. 纳税人在被查补增值税、消费税并被处以罚款时,应同时对其城市维护建设税进行补税、征收滞纳金和罚款

 C. 对出口产品退还增值税、消费税的,也要同时退还已经缴纳的城市维护建设税

 D. 海关对进口产品代征的增值税、消费税,不征收城市维护建设税

5. 下列车辆属于车辆购置税征税范围的有( )。

 A. 汽车   B. 有轨电车

 C. 汽车挂车   D. 排气量超过150毫升的摩托车

6. 下列行为,属于车辆购置税应税行为的有( )。

 A. 销售应税车辆的行为   B. 对外捐赠应税车辆的行为

 C. 进口自用应税车辆的行为   D. 自产自用应税车辆的行为

7. 根据车辆购置税法律制度的规定,下列单位和个人属于车辆购置税纳税人的有( )。

 A. 进口应税小轿车并自用的某外贸公司

 B. 购买应税货车并自用的某外商投资企业

 C. 受赠应税小型客车并自用的某医院

 D. 获得奖励应税轿车并自用的李某

8. 按照现行政策的规定,下列属于车辆购置税免税项目的有( )。

 A. 外国驻华使馆、领事馆和国际组织驻华机构及其外交人员自用的车辆

 B. 中国人民解放军和中国人民武装警察部队列入军队武器装备订货计划的车辆

 C. 设有固定装置的非运输专用作业车辆

D. 自卸式垃圾车

9. 根据车辆购置税法的有关规定，下列说法不正确的有（   ）。

A. 纳税人购买自用的应税车辆，自购买之日起90日内申报纳税

B. 车辆购置税税款可以分期缴付

C. 车辆购置税选择单一环节，实行一次课征制度，购置已征车辆购置税的车辆，不再征收车辆购置税

D. 车辆购置税的征税环节为车辆的出厂环节

10. 下列占用农村土地的行为，需要计算缴纳耕地占用税的有（   ）。

A. 占用菜地开发果园
B. 占用花圃开发茶园
C. 占用鱼塘建设公路
D. 占用苗圃建设住房

11. 下列关于耕地占用税的表述，正确的有（   ）。

A. 耕地占用税以纳税人实际占用耕地面积为计税依据，按照规定税额一次性征收

B. 耕地占用税实行地区差别幅度比例税率

C. 占用果园、桑园用于建房的，应照章征收耕地占用税

D. 个人占用耕地建房也应缴纳耕地占用税

12. 下列占用土地的行为，不征收或免征耕地占用税的有（   ）。

A. 农田水利占用耕地的

B. 建设直接为农业生产服务的生产设施占用林地、牧草地、农田水利用地、养殖水面、渔业水域滩涂等其他农用地的

C. 农村居民经批准搬迁，原宅基地恢复耕种，新建自用住宅占用耕地不超过原宅基地面积的

D. 农村居民占用耕地新建住宅

13. 用于计算烟叶税的"纳税人收购烟叶实际支付的价款总额"包括（   ）。

A. 纳税人支付给烟叶销售单位和个人的增值税

B. 纳税人支付给烟叶销售单位和个人的烟叶金额

C. 纳税人支付给烟叶销售单位和个人的烟叶收购价款

D. 纳税人支付给烟叶销售单位和个人的价外补贴

14. 下列关于烟叶税的规定，正确的有（   ）。

A. 收购烟叶的单位和个人为烟叶税的纳税人

B. 烟叶税的征税对象包括生烟叶、熟烟叶、烤烟叶

C. 烟叶税的征收管理依照《中华人民共和国烟叶税法》和《中华人民共和国税收征收管理法》执行

D. 烟叶税的计税依据为纳税人收购烟叶实际支付的价款总额

15. 根据耕地占用税的有关规定，下列表述不正确的有（　　）。
A. 耕地占用税的纳税义务发生时间为纳税人收到自然资源主管部门办理占用耕地手续的书面通知的当日
B. 纳税人应当自纳税义务发生之日起 15 日内申报缴纳耕地占用税
C. 耕地占用税由财政部门负责征收
D. 耕地占用税以纳税人实际占用的应税土地面积为计税依据

（三）判断题

1. 进口货物征收增值税和消费税，但不征收城市维护建设税；出口货物按规定退还增值税和消费税，但不退还已缴纳的城市维护建设税。（　　）
2. 城市维护建设税既是一种附加税，又是具有特定目的的税种。（　　）
3. 城市维护建设税和教育费附加不适用于我国境内的外商投资企业和外国企业。（　　）
4. 由受托方代收代缴消费税的，其应代收代缴的城市维护建设税应按委托方所在地的适用税率计算。（　　）
5. 开采海洋石油资源的中外合作油（气）田所在地在海上，其城市维护建设税适用 5% 的税率。（　　）
6. 车辆购置税以列举的车辆作为征税对象，未列举的车辆不纳税。其征税范围包括汽车、有轨电车、汽车挂车、排气量超过 150 毫升的摩托车。（　　）
7. 车辆购置税为定额税率。（　　）
8. 纳税人以受赠、获奖或者其他方式取得的自用应税车辆，计税价格按照购置应税车辆时相关凭证载明的价格确定，包括增值税税款。（　　）
9. 车辆购置税实行一车一申报制度。购置已征车辆购置税的车辆，不再征收车辆购置税。（　　）
10. 纳税人购置需要办理车辆登记注册手续的应税车辆的，应当向车辆登记地的主管税务机关申报缴纳车辆购置税；购置不需要办理车辆登记注册手续的应税车辆的，不必向纳税人所在地的主管税务机关申报缴纳车辆购置税。（　　）
11. 耕地占用税只在占用耕地建房或从事其他非农业建设行为时一次性征收，以后不再征纳。（　　）
12. 占用基本农田的，应当按照税法规定确定的当地适用税额，加按 100% 征收。（　　）
13. 耕地占用税的纳税义务发生时间为纳税人收到自然资源主管部门办理占用耕地手续的书面通知的当日。（　　）
14. 烟叶税的计税依据是纳税人收购烟叶实际支付的价款总额，包括支付的价款和

价外补贴。 (   )

15. 烟叶税的征收机关是企业所在地的税务局。 (   )

（四）计算题

1. 某企业位于县城，2021年3月撤县设区，该企业2021年3月实际缴纳增值税90万元、消费税60万元。请计算该企业3月应缴纳的城市维护建设税。

2. 某企业2021年3月实际缴纳增值税50万元、消费税40万元。请计算该企业应缴纳的教育费附加和地方教育附加。

3. 某公司位于市区，2021年10月被税务机关查补增值税45 000元、消费税25 000元、企业所得税40 000元，被加收滞纳金2 000元，被处以罚款50 000元。请计算该公司应补缴的城市维护建设税、教育费附加和地方教育附加总额。

4. 李某于2021年3月从某汽车有限公司购买一辆小汽车供自己使用，支付了包括增值税税款在内的款项113 000元，另支付代收临时牌照费600元、代收保险费1 000元，支付购买工具件和零配件价款2 020元，支付车辆装饰费900元。所支付的款项均由该汽车有限公司开具"机动车销售统一发票"和有关票据。请计算李某应缴纳的车辆购置税。

5. 某客车制造厂将自产的一辆某型号的客车用于本厂后勤服务，该厂在办理车辆上牌落籍前，出具该车的发票，注明金额 90 000 元，并按此金额向主管税务机关申报纳税。经审核，国家税务总局对该车同类型车辆核定的最低计税价格为 120 000 元。请计算该车应缴纳的车辆购置税。

6. 2021 年 10 月，王某在某房产公司举办的有奖购房活动中中奖获得一辆小汽车，该房产公司提供的机动车销售统一发票上注明价税合计金额为 80 000 元。国家税务总局核定该类型车辆的车辆购置税最低计税价格为 73 000 元。请计算王某应缴纳的车辆购置税。

7. 某外贸进出口公司 2021 年 3 月从国外进口 10 辆某公司生产的某型号小轿车。该公司报关进口这批小轿车时，经报关地海关对有关报关资料的审查，确定关税完税价格为每辆 185 000 元人民币，海关按关税政策规定对每辆小轿车征收了关税 46 200 元，并按消费税、增值税有关规定分别代征了每辆小轿车的进口消费税 40 800 元和增值税 35 360 元。由于联系业务需要，该公司将一辆小轿车留在本单位使用。请计算该外贸进出口公司应缴纳的车辆购置税。

8. 假设某市一家企业新占用 30 000 平方米耕地用于工业建设，所占耕地适用的定额税率为 25 元/平方米。请计算该企业应缴纳的耕地占用税。

9. 某企业 2021 年 10 月经批准占用园地 5 000 平方米用于建造厂房，占用菜地 3 000 平方米用于种植经济作物。已知当地耕地占用税适用税额为 20 元/平方米。请计算该企业应缴纳的耕地占用税。

10. 某烟草公司系增值税一般纳税人，2021 年 3 月收购烟叶 100 000 千克，烟叶收购价格 12 元/千克，总计 1 200 000 元，货款已全部支付。请计算该烟草公司 3 月收购烟叶应缴纳的烟叶税。

三、习题参考答案

(一) 单项选择题

1. 【答案】D

【解析】海关对进口产品代征增值税、消费税的,不征收城市维护建设税。

2. 【答案】D

3. 【答案】C

【解析】由受托方代扣代缴、代收代缴增值税、消费税的单位和个人,其代扣代缴、代收代缴的城市维护建设税按受托方所在地适用税率执行。

4. 【答案】C

【解析】选项C:城市维护建设税没有独立的税基,而是以增值税、消费税"二税"实际缴纳的税额之和为计税依据,随"二税"征收而征收,本质上属于附加税。

5. 【答案】D

【解析】选项A:教育费附加以纳税人实际缴纳的增值税、消费税税额为计征依据,不是以应缴纳的税额为计征依据,因此该公司应以20万元为计征依据缴纳教育费附加;选项B:对于因减免增值税、消费税而发生退税的,可同时退还已征收的教育费附加;选项C:教育费附加"进口不征、出口不退"。

6. 【答案】A

【解析】车辆购置税实行比例税率。

7. 【答案】C

【解析】车辆购置税的应税行为是指在中华人民共和国境内购置应税车辆的行为。具体来讲,这种应税行为包括:购买自用行为、进口自用行为、受赠自用行为、自产自用行为、获奖自用行为和其他自用行为。选项ABD都不是自用的,所以不需要计算缴纳车辆购置税。

8. 【答案】B

【解析】选项A:进口自用应税小汽车的计税价格为组成计税价格,包括关税完税价格、关税、消费税;选项C:纳税人购买自用的应税小汽车,计税价格为纳税人购买应税小汽车实际支付给销售者的全部价款和价外费用,不包含增值税税款;选项D:进口自用应税小汽车的计税价格包括消费税。

9. 【答案】C

【解析】纳税人自产、受赠、获奖或者以其他方式取得的自用应税车辆的计税价格由主管税务机关参照国家税务总局规定的最低计税价格核定。

10. 【答案】A

【解析】通过拍卖取得自用的新车应缴纳车辆购置税;由于车辆购置税采用一次课征制,使用过的轿车在第一次被购进使用时已经缴纳过车辆购置税,所以将该轿车再次购进使用并取得完税证明就不需要再缴纳车辆购置税。

甲企业应缴纳的车辆购置税 = 60 000 × 10% = 6 000(元)

11. 【答案】C

12. 【答案】D

13. 【答案】D

14. 【答案】A

【解析】选项B:军用仓库占用耕地免征耕地占用税;选项C:政府部门新建自来水厂占用耕地按照当地适用税额缴纳耕地占用税;选项D:学校占用耕地新建教学楼免征耕地占用税。

15. 【答案】C

16. 【答案】C

17. 【答案】D

18. 【答案】B

【解析】选项A:烟叶税实行比例税率,税率为20%;选项C:烟叶税的纳税人是在中华人民共和国境内收购烟叶的单位;选项D:烟叶税按月计征,纳税人应当于纳税义务发生月终了之日起15日内申报并缴纳税款。

(二) 多项选择题

1. 【答案】BCD

【解析】城市维护建设税的纳税人是在征税范围内从事经营活动,并缴纳增值税、消费税的单位和个人。选项BCD无须缴纳增值税、消费税,其中选项B涉及个人所得税,选项C涉及车辆购置税,选项D涉及契税。

2. 【答案】ABCD

3. 【答案】ACD

4. 【答案】ABD

【解析】选项C:对出口产品退还增值税、消费税的,不退还已缴纳的城市维护建设税。

5. 【答案】ABCD

6. 【答案】CD

【解析】车辆购置税应税行为是指在中华人民共和国境内购置应税车辆的行为。具体有购买自用行为、进口自用行为、受赠自用行为、自产自用行为、获奖自用行为及其他自用行为。选项 A：销售应税车辆的行为不属于车辆购置税的应税行为；选项 B：对外捐赠应税车辆，对于馈赠人而言，在发生财产所有权转移后，应税行为一同转移，不再是车辆购置税的纳税义务人。

7．【答案】ABCD

【解析】在我国境内购置规定的车辆的单位和个人，为车辆购置税的纳税人。购置行为包括购买、进口、自产、受赠、获奖或者以其他方式取得并自用应税车辆的行为。

8．【答案】ABC

【解析】自卸式垃圾车不属于设有固定装置的非运输专用作业车辆，不免征车辆购置税。

9．【答案】ABD

【解析】选项 A：纳税人购买自用应税车辆的，应自购买之日起60日内申报纳税；选项 B：车辆购置税实行一次征收制度，车辆购置税税款应当一次缴清；选项 D：车辆购置税在应税车辆上牌登记注册前的使用环节征收。

10．【答案】CD

【解析】选项 AB：占用耕地开发果园、茶园不属于纳税人为建设建筑物、构筑物或从事非农业建设而占用耕地。因此，选项 AB 不属于耕地占用税的征税范围。

11．【答案】ACD

【解析】选项 B：耕地占用税实行地区差别幅度定额税率。

12．【答案】ABC

【解析】选项 D：农村居民在规定用地标准以内占用耕地新建自用住宅，按照当地适用税额减半征收耕地占用税。

13．【答案】CD

14．【答案】CD

【解析】选项 A：烟叶税的纳税人是在中华人民共和国境内收购烟叶的单位，不包括个人；选项 B：烟叶税的征税对象是收购的烟叶，烟叶是指晾晒烟叶、烤烟叶。

15．【答案】BC

【解析】选项 B：纳税人应当自纳税义务发生之日起30日内申报缴纳耕地占用税；选项 C：耕地占用税由税务机关负责征收。

（三）判断题

1．【答案】√

2．【答案】√

3．【答案】×

【解析】自2010年12月1日起，对外商投资企业、外国企业及外籍个人征收城市维护建设税。

4.【答案】×

【解析】由受托方代收、代扣"二税"的单位和个人,可按纳税人缴纳"二税"所在地的规定税率就地缴纳。

5.【答案】×

【解析】开采海洋石油资源的中外合作油(气)田所在地在海上,其城市维护建设税适用1%的税率。

6.【答案】√

7.【答案】×

【解析】车辆购置税实行统一比例税率,税率为10%。

8.【答案】×

【解析】纳税人以受赠、获奖或者其他方式取得的自用应税车辆,计税价格按照购置应税车辆时相关凭证载明的价格确定,不包括增值税税款。

9.【答案】√

10.【答案】×

【解析】纳税人购置需要办理车辆登记注册手续的应税车辆的,应当向车辆登记地的主管税务机关申报缴纳车辆购置税;购置不需要办理车辆登记注册手续的应税车辆的,也应当向纳税人所在地的主管税务机关申报缴纳车辆购置税。

11.【答案】√

12.【答案】×

【解析】占用基本农田的,应当按照税法规定确定的当地适用税额,加按150%征收。

13.【答案】√

14.【答案】√

15.【答案】×

【解析】纳税人收购烟叶,应向烟叶收购地的主管税务机关申报纳税。

(四)计算题

1.【答案】

该企业3月应缴纳的城市维护建设税 = (90 + 60) × 7% = 10.5(万元)

2.【答案】

(1)应缴纳的教育费附加 = (50 + 40) × 3% = 2.7(万元)

(2)应缴纳的地方教育附加 = (50 + 40) × 2% = 1.8(万元)

3.【答案】

该公司应补缴的城市维护建设税、教育费附加和地方教育附加总额 =（45 000 + 25 000）×（7% + 3% + 2%）= 8 400（元）

4.【答案】

（1）计税依据 =（113 000 + 600 + 1 000 + 2 020 + 900）÷（1 + 13%）= 104 000（元）

（2）李某应缴纳的车辆购置税 = 104 000 × 10% = 10 400（元）

5.【答案】

该车应缴纳的车辆购置税 = 120 000 × 10% = 12 000（元）

6.【答案】

机动车销售统一发票注明不含税价格 = 80 000 ÷（1 + 13%）≈ 70 796.46（元）

纳税人从各种奖励方式中取得并自用的应税车辆，其价格低于最低计税价格，应按国家税务总局确定的最低计税价格核定计税。

王某应缴纳的车辆购置税 = 73 000 × 10% = 7 300（元）

7.【答案】

（1）计税依据 = 185 000 + 46 200 + 40 800 = 272 000（元）

（2）该外贸进出口公司应缴纳的车辆购置税 = 272 000 × 10% = 27 200（元）

8.【答案】

该企业应缴纳的耕地占用税 = 30 000 × 25 = 750 000（元）

9.【答案】

耕地占用税是对占用耕地建设建筑物、构筑物或从事非农业建设的单位和个人征收的一种税。占用菜地用于种植经济作物不需要缴纳耕地占用税。

该企业应缴纳的耕地占用税 = 5 000 × 20 = 100 000（元）

10.【答案】

该烟草公司3月收购烟叶应缴纳的烟叶税 = 1 200 000 ×（1 + 10%）× 20% = 264 000（元）

第九章 财产和行为税法

▶▶ 一、主要内容

本章主要阐述财产和行为税法的基本政策和制度。财产和行为税法包括房产税法、车船税法、船舶吨税法、印花税法和契税法，主要是对某些财产和行为发挥调节作用。

房产税是以房屋为征税对象，按照房屋的计税余值或租金收入，向产权所有人征收的一种财产税。房产税的征收范围为城市、县城、建制镇和工矿区。我国现行房产税采用的是比例税率。由于房产税的计税依据分为从价计征和从租计征两种形式，与之相适应的应纳税额计算也分为两种，一是从价计征的计算，二是从租计征的计算。房产税实行按年计算、分期缴纳的征收方法。

车船税是以车船为征税对象，向拥有车船的单位和个人征收的一种税。车船税的征收范围是指在中华人民共和国境内属于《中华人民共和国车船税法》所附《车船税税目税额表》规定的车辆、船舶。车船税以中华人民共和国境内车辆、船舶的所有人或者管理人为纳税人，实行定额税率。车船税的纳税地点是车船的登记地或者扣缴义务人所在地。车船税按年申报，分月计算，一次性缴纳。

船舶吨税是以自中华人民共和国境外港口进入境内港口的船舶为征税对象征收的一种税。船舶吨税设置优惠税率和普通税率，按照船舶净吨位和吨税执照期限征收。中华人民共和国国籍的应税船舶，船籍国（地区）与中华人民共和国签订含有相互给予船舶税费最惠国待遇条款的条约或者协定的应税船舶，适用优惠税率；其他应税船舶，适用普通税率。船舶吨税的纳税义务发生时间为应税船舶进入港口的当日。

印花税是以经济活动和经济交往中，书立、领受应税凭证的行为为征税对象征收的一种税。印花税的征收范围包括13个税目，具体为：购销合同；加工承揽合同；建设工程勘察设计合同；建筑安装工程承包合同；财产租赁合同；货物运输合同；仓储保管合同;借款合同;财产保险合同;技术合同;产权转移书据;营业账簿;权利、许可证照。印花税以在中国境内书立、使用、领受应税凭证的单位和个人为纳税人,以各种应税凭证上所记载的金额或应税凭证件数为计税依据,采用比例税率或定额税率就地征收。

契税是以在中华人民共和国境内转移土地、房屋权属为征税对象,向产权承受人征收的一种财产税。契税的计税依据为不动产的价格,实行幅度比例税率。契税的纳税义务发生时间,为纳税人签订土地、房屋权属转移合同的当日,或者纳税人取得其他具有土地、房屋权属转移合同性质凭证的当日。纳税人应当在依法办理土地、房屋权属登记手续前,向土地、房屋所在地的税务机关申报缴纳契税。

二、习题

(一) 单项选择题

1. 我国不征收房产税的地方是(　　)。

   A. 县城　　　　　　　　　　B. 农村

   C. 城市　　　　　　　　　　D. 建制镇

2. 下列选项,属于房产税征税范围的是(　　)。

   A. 室外游泳池　　　　　　　B. 建立在农村的厂房

   C. 独立于房屋的围墙　　　　D. 建立在县城的办公楼

3. 产权所有人、承典人不在房产所在地的,或者产权未确定及租典纠纷未解决的,以(　　)为房产税的纳税人。

   A. 产权所有人　　　　　　　B. 承典人

   C. 房产代管人或使用人　　　D. 经营管理单位

4. 下列房屋附属设备、配套设施,在计算房产税时不应计入房产原值的是(　　)。

   A. 消防设备　　　　　　　　B. 智能化楼宇设备

   C. 中央空调　　　　　　　　D. 室外露天游泳池

5. 下列关于地下建筑物房产税的表述,正确的是(　　)。

   A. 单独建造的地下建筑物不缴纳房产税

   B. 对于与地上房屋相连的地下建筑物,应将地下部分和地上房屋视为一个整体按照地上房屋的有关规定缴纳房产税

   C. 地下建筑物若做工业用途,以房屋原价的10%~30%为应税房产原值

   D. 地下建筑物若做商业用途,以房屋原价的50%~60%为应税房产原值

6. 下列各项，不予免征房产税的是（　　）。

　A. 公园自用的办公用房　　　　　　B. 名胜古迹中附设的经营性茶社

　C. 国家机关的职工食堂　　　　　　D. 个人所有的唯一普通居住用房

7. 房产税按（　　）计算，分期缴纳。

　A. 日　　　　　　　　　　　　　　B. 月

　C. 季度　　　　　　　　　　　　　D. 年

8. 纳税人原有房产用于生产经营的，从生产经营（　　）起缴纳房产税。

　A. 当日　　　　　　　　　　　　　B. 次日

　C. 当月　　　　　　　　　　　　　D. 次月

9. 下列车辆，应缴纳车船税的是（　　）。

　A. 挂车

　B. 插电式混合动力汽车

　C. 国际组织驻华代表机构使用的车辆

　D. 武装警察部队专用的车辆

10. 车船税的扣缴义务人是（　　）。

　A. 国家税务总局

　B. 主管税务机关

　C. 购买车船的消费者

　D. 从事机动车第三者责任强制保险业务的保险机构

11. 车船税采用的税率类型是（　　）。

　A. 比例税率　　　　　　　　　　　B. 超率累进税率

　C. 定额幅度税率　　　　　　　　　D. 超额累进税率

12. 下列关于车船税计税单位的说法，不正确的是（　　）。

　A. 摩托车以每辆为计税单位

　B. 客车以每辆为计税单位

　C. 机动船舶以净吨位每吨为计税单位

　D. 游艇以整备质量每吨为计税单位

13. 机动船舶以（　　）为车船税的计税依据。

　A. 辆　　　　　　　　　　　　　　B. 净吨位

　C. 载重吨位　　　　　　　　　　　D. 艘

14. 下列车船，不属于免征车船税的是（　　）。

　A. 警用车辆　　　　　　　　　　　B. 纯电动商用车

　C. 捕捞、养殖渔船　　　　　　　　D. 财政拨款事业单位的办公用车

15. 下列各项，属于依法需要办理登记的车船的纳税地点的是（   ）。

  A．纳税人机构所在地   B．车船登记地

  C．纳税人经常居住地   D．车船购买地

16. （   ）是海关对自中华人民共和国境外港口进入境内港口的船舶所征收的一种税。

  A．关税   B．船舶吨税

  C．车船税   D．进口增值税

17. 下列各项，属于船舶吨税计税依据的是（   ）。

  A．船舶长度   B．船舶数量

  C．整备质量   D．船舶净吨位

18. 下列从境外进入我国港口的船舶，免征船舶吨税的是（   ）。

  A．养殖渔船

  B．非机动驳船

  C．拖船

  D．吨税执照期满后24小时内上下客货的船舶

19. 根据规定，船舶吨税的纳税义务发生时间为（   ）。

  A．应税船舶进入港口的当日   B．应税船舶驶离港口的当日

  C．办妥吨税执照的当日   D．海关填发船舶吨税缴款凭证之日

20. 下列合同，征收印花税的是（   ）。

  A．会计咨询合同

  B．甲公司与乙公司签订的货物运输合同

  C．电网与用户签订的供用电合同

  D．企业与主管部门签订的租赁承包合同

21. 对商品房销售合同按照（   ）征收印花税。

  A．产权转移书据

  B．购销合同

  C．房地产开发公司销售房屋按购销合同，二手房转让按产权转移书据

  D．房地产开发公司销售房屋按产权转移书据，二手房转让按购销合同

22. （   ）是印花税的纳税人。

  A．鉴证人   B．保证人

  C．立合同人   D．鉴定人

23. 下列行为，不征收契税的是（   ）。

  A．房屋互换   B．房屋赠与

C. 房屋买卖　　　　　　　　　　D. 房屋租赁

24. 下列各项，属于契税纳税人的是(　　)。
A. 转让土地使用权的企业　　　　B. 获得住房奖励的自然人
C. 继承父母房产的子女　　　　　D. 出售房屋的个体工商户

25. 下列税种，实行从量计征的是(　　)。
A. 车辆购置税　　　　　　　　　B. 契税
C. 城镇土地使用税　　　　　　　D. 房产税

（二）多项选择题

1. 房产税以征税范围内的(　　)为房产税的纳税义务人。
A. 产权所有人　　　　　　　　　B. 经营管理单位
C. 房产代管人　　　　　　　　　D. 房产使用人

2. 根据房产税法律制度的规定，下列有关房产税纳税人的表述，正确的有(　　)。
A. 产权属于国家所有的房屋，其经营管理单位为纳税人
B. 产权属于集体所有的房屋，该集体单位为纳税人
C. 产权属于个人所有的营业用的房屋，该个人为纳税人
D. 产权出典的房屋，出典人为纳税人

3. 下列房屋的附属设施，应计入房产原值计缴房产税的有(　　)。
A. 中央空调　　　　　　　　　　B. 水塔
C. 电梯　　　　　　　　　　　　D. 围墙

4. 房产税的计税依据有(　　)。
A. 房产原值　　　　　　　　　　B. 房产租金收入
C. 房产售价　　　　　　　　　　D. 房产余值

5. 下列关于房产税纳税义务发生时间的说法，正确的有(　　)。
A. 将原有房产用于生产经营的，从生产经营之次月起计征房产税
B. 自行新建房屋用于生产经营的，从建成之次月起计征房产税
C. 购置新建商品房的，自房屋交付使用之月起计征房产税
D. 出租房产的，自交付出租房产之次月起计征房产税

6. 下列各项，属于车船税征税范围的有(　　)。
A. 摩托车　　　　　　　　　　　B. 游艇
C. 客轮　　　　　　　　　　　　D. 自行车

7. 下列对车船税的相关规定，表述正确的有(　　)。
A. 车船税属于财产税

B. 车船税的纳税义务发生时间为取得车船所有权或者管理权的当月

C. 车船税可以调节财富分配

D. 扣缴义务人代收代缴车船税的,纳税地点为扣缴义务人所在地

8. 下列使用的车船,应缴纳车船税的有(　　)。

　　A. 个人拥有的汽车　　　　　　　　B. 外商投资企业拥有的汽车

　　C. 国有运输企业拥有的货船　　　　D. 旅游公司拥有的客船

9. 下列车船,以"整备质量每吨"为车船税计税单位的有(　　)。

　　A. 乘用汽车　　　　　　　　　　　B. 挂车

　　C. 半挂牵引车　　　　　　　　　　D. 游艇

10. 下列各项,属于车船税计税依据的有(　　)。

　　A. 购置价格　　　　　　　　　　　B. 净吨位

　　C. 整备质量　　　　　　　　　　　D. 辆

11. 下列车船,免征车船税的有(　　)。

　　A. 纯电动商用车　　　　　　　　　B. 人民检察院领取警用牌照的车辆

　　C. 半挂牵引车　　　　　　　　　　D. 捕捞渔船

12. 下列关于车船税纳税地点的表述,正确的有(　　)。

　　A. 依法需要办理登记、纳税人自行申报纳税的车船,纳税地点为车船登记地的主管税务机关所在地

　　B. 依法不需要办理登记的车船,纳税地点为车船的所有人或者管理人所在地

　　C. 扣缴义务人代收代缴税款的车船,纳税地点为扣缴义务人所在地

　　D. 需要办理登记的车船,纳税地点为车船所在地

13. 下列关于船舶吨税特点的表述,正确的有(　　)。

　　A. 船舶吨税对自境外港口进入境内港口的船舶征收

　　B. 以船舶所载货物的价值为计税依据,实行从价定率征收

　　C. 对不同的船舶分别适用普通税率或优惠税率

　　D. 船舶吨税的纳税义务发生时间为应税船舶进入港口的当日

14. 根据《中华人民共和国船舶吨税法》的规定,在吨税执照期限内,海关按照实际发生的天数批注延长吨税执照期限的有(　　)。

　　A. 修理、改造并不上下客货的船舶

　　B. 养殖渔船

　　C. 军队、武装警察部队征用的船舶

　　D. 自境外以受赠、购买方式取得船舶所有权的初次进口到港的空载船舶

15. 下列税种,由海关负责征收的有(　　)。

A. 非进口环节的增值税　　　　　　B. 关税
C. 车船税　　　　　　　　　　　　D. 船舶吨税

16. 下列各项，属于印花税税目的有(　　)。
A. 承揽合同　　　　　　　　　　　B. 营业账簿
C. 仓储合同　　　　　　　　　　　D. 财产租赁合同

17. 下列各项，属于印花税征税范围的有(　　)。
A. 土地使用权转让书据　　　　　　B. 土地使用权出让书据
C. 房屋所有权转让书据　　　　　　D. 著作权转让书据

18. 李某将自有的两栋住房中的一栋赠与儿子，另一栋无偿赠与最好的朋友王某，已向税务机关提交经审核并签字盖章的个人无偿赠与不动产登记表。下列关于缴纳契税的表述，正确的有(　　)。
A. 李某的儿子应缴纳契税　　　　　B. 李某应缴纳契税
C. 王某应缴纳契税　　　　　　　　D. 李某的儿子与王某均不需要缴纳契税

19. 下列各项，免征或不征契税的有(　　)。
A. 承受出让的国有土地使用权　　　B. 法定继承人继承土地、房屋权属
C. 受赠人接受他人赠与的房屋　　　D. 承受荒山土地使用权用于牧业生产

20. 下列关于契税计税依据的表述，符合法律制度规定的有(　　)。
A. 以协议方式出让国有土地使用权的，以成交价格为计税依据
B. 受赠房屋的，由税务机关参照房屋买卖的市场价格规定计税依据
C. 交换土地使用权的，以交换土地使用权的价格差额为计税依据
D. 房屋买卖的，以成交价格为计税依据

(三) 判断题

1. 现行房产税的征税范围包括农村。(　　)

2. 房地产开发企业建造的商品房在出售前已经使用或者出租、出借的，不缴纳房产税。(　　)

3. 纳税人对原有房屋进行改建、扩建的，在计算房产税的计税依据时无须增加房屋的原值。(　　)

4. 房产税的纳税地点为房产所在地。(　　)

5. 车船税的征税范围是在车船管理部门登记的车船及依法不需要在车船管理部门登记的在单位内部场所行驶或者作业的机动车辆和船舶。(　　)

6. 根据车船税法的相关规定，车辆的具体适用税额由省、自治区、直辖市税务机关依照规定的税额幅度和国务院的规定确定。(　　)

7. 军队使用的所有车船均免征车船税。(　　)

8. 车船税按年申报，分月计算，一次性缴纳。纳税年度为公历1月1日至12月31日。具体申报纳税期限由省、自治区、直辖市人民政府规定。（ ）

9. 自境外以购买、受赠、继承等方式取得船舶所有权的初次进口到港的空载船舶免征船舶吨税。（ ）

10. 船舶吨税由主管税务机关负责征收。（ ）

11. 我国对股票交易不征收印花税。（ ）

12. 根据印花税法的有关规定，借款合同的印花税税率为万分之五。（ ）

13. 现行税法规定，财产所有权人将财产赠与政府、社会团体、学校、社会福利机构、慈善组织书立的产权转移书据免征印花税。（ ）

14. 王某以获奖方式取得房屋产权，则王某不需要缴纳契税。（ ）

15. 土地使用权交换的，其契税的计税依据为所交换的土地使用权的价格。
（ ）

（四）计算题

1. 某企业的经营用房原值为8 000万元，按照当地规定允许减除30%后按余值计税，适用税率为1.2%。请计算该企业应缴纳的房产税。

2. 某公司出租房屋8间，年租金收入为25万元，适用税率为12%。请计算该公司应缴纳的房产税。

3. 某国有企业在其所在城市市区有房屋三幢，其中两幢用于本企业生产经营，两幢房屋账面原值共为400万元，另外一幢房屋租给某民营企业，年租金收入20万元。当地政府规定允许按房产原值一次扣除30%。请计算该国有企业当年应缴纳的房产税。

4. 某企业有厂房一栋,原值200万元,2021年年初对该厂房进行扩建,2021年8月底完工并办理验收手续,房产原值增加了45万元,另外对厂房安装了价值15万元的排水设备并单独做固定资产核算。已知当地政府规定计算房产余值的扣除比例为30%。请计算该企业2021年度应缴纳的房产税。

5. 某运输公司拥有载货汽车50辆(货车整备质量全部为10吨),乘人大客车30辆,小客车15辆。请计算该公司应缴纳的车船税。

(注:载货汽车每吨年税额80元,乘人大客车每辆年税额800元,小客车每辆年税额700元。)

6. 某公司2021年有如下车辆:货车3辆,每辆整备质量15吨;7月份购入挂车4辆,每辆整备质量5吨。公司所在地政府规定货车年税额为98元/吨。请计算该公司2021年度应缴纳的车船税。

7. A国某运输公司一艘货轮驶入我国某港口，该货轮净吨位为40 000吨，货轮负责人已向我国该海关领取了吨税执照，在港口停留期限为30天，A国已与我国签订了相互给予船舶税费最惠国待遇条款的协定。请计算该货轮负责人应向我国海关缴纳的船舶吨税。

8. 某企业某年2月开业，当年发生以下有关业务事项：与其他企业订立转移专有技术使用权书据1份，所载金额为100万元；订立动产买卖合同1份，所载金额为200万元；订立与银行的借款合同1份，所载金额为400万元。请计算该企业上述内容应缴纳的印花税。

9. 居民甲有两套住房，将一套出售给居民乙，成交价格为150万元；将另一套两室住房与居民丙交换成两套一室住房，并支付给丙换房差价款20万元。请计算甲、乙、丙相关行为应缴纳的契税（假定税率为3%）。

10. 2021年，王某获得公司奖励的房屋一套。王某得到该房屋后又将其与李某拥有的一套房屋进行交换。经房地产评估机构评估，王某获奖房屋价值600万元，李某房屋价值850万元。两人协商后，王某实际向李某支付房屋交换价格差额250万元。税务机关核定奖励王某的房屋价值为580万元。已知当地规定的契税税率为3%。请计算王某应缴纳的契税。

三、习题参考答案

(一) 单项选择题

1.【答案】B

2.【答案】D

【解析】房产税的征税范围为城市、县城、建制镇和工矿区的房屋,不包括农村,因此选项B不正确;独立于房屋之外的建筑物,如围墙、烟囱、水塔、菜窖、室外游泳池等不征收房产税,因此选项AC不正确。

3.【答案】C

4.【答案】D

【解析】本题的考核点是房产原值的确定问题。(1)房产原值应包括与房屋不可分割的各种附属设备或一般不单独计算价值的配套设施;(2)为了维持和增加房屋的使用功能或使房屋满足设计要求,凡以房屋为载体,不可随意移动的附属设备和配套设施,如给排水、采暖、消防、中央空调、电气及智能化楼宇设备等,无论在会计核算中是否单独记账与核算,都应计入房产原值,计征房产税;(3)室外游泳池不是房产不可分割的一部分,而且也不符合房产定义,故不能计入房产原值。

5.【答案】B

【解析】选项A:地下建筑物需要缴纳房产税;选项C:地下建筑物若做工业用途,以房屋原价的50%~60%为应税房产原值;选项D:地下建筑物若做商业用途,以房屋原价的70%~80%为应税房产原值。

6.【答案】B

【解析】选项A:公园自用的房产,免征房产税。公园自用的房产,是指供公共参观游览的房屋及其管理单位的办公用房屋。选项B:宗教寺庙、公园、名胜古迹中附设的营业单位,如影剧院、饮食部、茶社、照相馆等所使用的房产及出租的房产,不属于免税范围,应照章征收房产税。选项C:国家机关自用的房产,免征房产税。选项D:个人所有非营业用的房产,免征房产税。

7.【答案】D

8.【答案】C

9.【答案】A

【解析】选项A:挂车按照货车税额的50%计算车船税;选项BCD:免征车船税。

10.【答案】D

【解析】从事机动车第三者责任强制保险业务的保险机构为机动车车船税的扣缴义

务人，应当在收取保险费时依法代收车船税，并出具代收税款凭证。

11. 【答案】C

【解析】车船税采用定额幅度税率。

12. 【答案】D

【解析】游艇以艇身长度每米为计税单位。

13. 【答案】B

14. 【答案】D

15. 【答案】B

【解析】车船税的纳税地点为车船的登记地或者车船税扣缴义务人所在地。依法不需要办理登记的车船，车船税的纳税地点为车船的所有人或者管理人所在地。

16. 【答案】B

【解析】船舶吨税是海关对自中华人民共和国境外港口进入境内港口的船舶所征收的一种税。

17. 【答案】D

【解析】船舶吨税的计税依据是船舶净吨位。

18. 【答案】A

【解析】非机动驳船和拖船分别按照相同净吨位船舶税率的50%计征税款；吨税执照期满后24小时内不上下客货的船舶免征船舶吨税。

19. 【答案】A

【解析】船舶吨税的纳税义务发生时间为应税船舶进入港口的当日。

20. 【答案】B

21. 【答案】A

22. 【答案】C

23. 【答案】D

24. 【答案】B

【解析】选项AD：契税纳税人为承受方，转让方、出售方不缴纳契税；选项C：土地和房屋继承、典当、分拆（分割）、抵押、出租等行为，不属于契税的征税范围。

25. 【答案】C

【解析】选项ABD：为从价计征；选项C：实行从量计征。

(二) 多项选择题

1. 【答案】ABCD

2. 【答案】ABC

【解析】选项D：产权出典的房屋，承典人为纳税人。

3.【答案】AC

【解析】选项AC：凡以房屋为载体，不可随意移动的附属设备和配套设施，如给排水、采暖、消防、中央空调、电气及智能化楼宇设备等，无论在会计核算中是否单独记账与核算，都应计入房产原值，计征房产税。选项BD：独立于房屋之外的建筑物（如围墙、烟囱、水塔、室外游泳池等）不属于房产，不是房产税的征税对象。

4.【答案】BD

【解析】房产税计征有从价计征和从租计征两种方式，计税依据分别是房产余值和房产租金收入。

5.【答案】BD

【解析】选项A：将原有房产用于生产经营的，从生产经营之月起计征房产税；选项C：购置新建商品房的，自房屋交付使用之次月起计征房产税。

6.【答案】ABC

7.【答案】ABCD

8.【答案】ABCD

【解析】外商投资企业拥有的汽车也是要缴纳车船税的。

9.【答案】BC

【解析】选项A：以"每辆"为车船税的计税单位；选项D：以"艇身长度每米"为车船税的计税单位。

10.【答案】BCD

【解析】选项A：购置价格不属于车船税的计税依据。

11.【答案】ABD

12.【答案】ABC

【解析】选项D：车船税的纳税地点为车船的登记地或者车船税扣缴义务人所在地（而非车船所在地）。

13.【答案】ACD

【解析】选项B：船舶吨税以船舶的净吨位为计税依据，实行从量定额征收。

14.【答案】AC

【解析】选项BD：养殖渔船，自境外以购买、受赠、继承等方式取得船舶所有权的初次进口到港的空载船舶免税，属于直接优惠。

15.【答案】BD

【解析】非进口环节的增值税和车船税是由税务机关进行征收的。

16.【答案】ABCD

17.【答案】ABCD

18.【答案】AC

【解析】选项A：法定继承人继承土地、房屋权属不征收契税，其中继承是从被继承人死亡时开始，因此李某将房屋赠与其儿子属于赠与行为，不属于继承行为，应照章征收契税。选项BCD：房屋的受赠人需要按规定缴纳契税，因此李某将房屋赠与王某，王某须按规定缴纳契税。

19.【答案】BD

【解析】契税的纳税人是指在我国境内承受土地、房屋权属的单位和个人。选项B：继承土地、房屋权属不属于契税的征税范围；选项D：纳税人承受荒山、荒地、荒滩土地使用权，用于农、林、牧、渔业生产的，免征契税。

20.【答案】ABCD

（三）判断题

1.【答案】×

【解析】房产税在城市、县城、建制镇和工矿区征收，其征税范围不包括农村。

2.【答案】×

【解析】房地产开发企业建造的商品房在出售前已经使用或者出租、出借的，应缴纳房产税。

3.【答案】×

【解析】纳税人对原有房屋进行改建、扩建的，在计算房产税的计税依据时要相应增加房屋的原值。

4.【答案】√

5.【答案】√

6.【答案】×

【解析】车辆的具体适用税额由省、自治区、直辖市人民政府依照《车船税税目税额表》规定的税额幅度和国务院的规定确定。

7.【答案】×

【解析】军队、武装警察部队专用的车船免征车船税。军队、武装警察部队专用的车船是指按规定在军队、武装警察部队车船管理部门登记，并领取军队、武警牌照的车船。

8.【答案】√

9.【答案】√

10.【答案】×

【解析】船舶吨税由海关负责征收。海关征收船舶吨税应当制发缴款凭证。

11.【答案】×

【解析】我国证券交易印花税对证券交易的出让方征收。

12.【答案】×

【解析】根据印花税法的有关规定,借款合同的印花税税率为万分之零点五。

13.【答案】×

【解析】现行税法规定,财产所有权人将财产赠与政府、学校、社会福利机构、慈善组织书立的产权转移书据免征印花税。其中,社会福利机构是指扶养孤老伤残的社会福利机构,不包括社会团体。

14.【答案】×

【解析】以获奖方式取得房屋产权的,其实质是接受赠与房产,应照章缴纳契税。

15.【答案】×

【解析】土地使用权互换的,其契税的计税依据为所互换的土地使用权的价格差额。

(四)计算题

1.【答案】

该企业应缴纳的房产税 = 8 000 × (1 - 30%) × 1.2% = 67.2(万元)

2.【答案】

该公司应缴纳的房产税 = 25 × 12% = 3(万元)

3.【答案】

(1)用于生产经营的房产应缴纳的房产税 = 400 × (1 - 30%) × 1.2% = 3.36(万元)

(2)出租房产应缴纳的房产税 = 20 × 12% = 2.4(万元)

(3)该国有企业当年应缴纳的房产税 = 3.36 + 2.4 = 5.76(万元)

4.【答案】

该企业 2021 年度应缴纳的房产税 = 200 × (1 - 30%) × 1.2% ÷ 12 × 8 × 10 000 + (200 + 45 + 15) × (1 - 30%) × 1.2% ÷ 12 × 4 × 10 000 = 18 480(元)

5.【答案】

(1)载货汽车应缴纳的车船税 = 50 × 10 × 80 = 40 000(元)

(2)乘人汽车应缴纳的车船税 = 30 × 800 + 15 × 700 = 34 500(元)

(3)全年应缴纳的车船税 = 40 000 + 34 500 = 74 500(元)

6.【答案】

该公司 2021 年度应缴纳的车船税 = 15 × 98 × 3 + 5 × 98 ÷ 12 × 6 × 50% × 4 = 4 900(元)

7.【答案】

(1)根据船舶吨税的相关规定,该货轮应享受优惠税率,每净吨位为 3.3 元

(2) 应缴纳的船舶吨税 = 40 000 × 3.3 = 132 000(元)

8.【答案】

(1) 企业订立产权转移书据应纳税额 = 1 000 000 × 0.3‰ = 300(元)

(2) 企业订立购销合同应纳税额 = 2 000 000 × 0.3‰ = 600(元)

(3) 企业订立借款合同应纳税额 = 4 000 000 × 0.05‰ = 200(元)

(4) 该企业当年应缴纳的印花税 = 300 + 600 + 200 = 1 100(元)

9.【答案】

(1) 甲应缴纳的契税 = 20 × 3% = 0.6(万元)

(2) 乙应缴纳的契税 = 150 × 3% = 4.5(万元)

(3) 丙不缴纳契税。

10.【答案】

以获奖方式取得房屋权属的,应视同房屋赠与征收契税,计税依据为税务机关参照市场价格核定的价格,即580万元。房屋交换且价格不相等的,由多支付货币的一方缴纳契税,计税依据为所交换房屋价格的差额,即250万元。因此,王某应缴纳的契税为:

(1) 王某获奖承受房屋权属应缴纳的契税 = 580 × 3% = 17.4(万元)

(2) 王某交换房屋行为应缴纳的契税 = 250 × 3% = 7.5(万元)

(3) 王某实际应缴纳的契税 = 17.4 + 7.5 = 24.9(万元)